JEAN-CLAUDE CARRIÈRE

Né en 1931 à Colombières-sur-Orb dans l'Hérault d'une famille de viticulteurs, Jean-Claude Carrière, ancien élève à l'École normale supérieure de Saint-Cloud, a suivi une formation d'historien. C'est néanmoins vers l'écriture qu'il se tourne en publiant en 1957 son premier roman, *Lézard*. Parallèlement, il commence aux côtés de Pierre Étaix une carrière de scénariste, qui l'amène à collaborer avec les plus grands cinéastes, parmi lesquels Luis Buñuel, dont il signe la plupart des scénarios, Volker Schlöndorff (*Le tambour; Un amour de Swann*), Jean-Luc Godard (*Sauve qui peut la vie*), Milos Forman (*Valmont*), et Nagisa Oshima (*Max mon amour*). Il s'est aussi consacré au théâtre en tant que dramaturge ou adaptateur, et a notamment travaillé avec Jean-Louis Barrault et Peter Brook.

Romancier, auteur de *La controverse de Valladolid* (1992), *Simon le mage* (1993), il a apporté sa contribution aussi bien au *Dictionnaire de la bêtise* (1992) et au *Dictionnaire des révélations* (1999), qu'à des entretiens sur des questions de mystique ou de métaphysique, notamment *La force du bouddhisme* (1994), *Conversations sur l'invisible* (1996), ou les *Entretiens sur la fin des temps* (1998). Dans *Le vin bourru* (2000), il nous raconte son enfance languedocienne.

LA CONTROVERSE
DE VALLADOLID

ŒUVRES DE JEAN-CLAUDE CARRIÈRE
CHEZ POCKET

LE MAHABHARATA
LE CERCLE DES MENTEURS
ENTRETIENS SUR LA FIN DES TEMPS
LE VIN BOURRU

Le Dalaï-Lama et Jean-Claude Carrière
LA FORCE DU BOUDDHISME

LE DICTIONNAIRE DES RÉVÉLATIONS
en collaboration avec G. Bechtel

JEAN-CLAUDE CARRIÈRE

LA CONTROVERSE DE VALLADOLID

LE PRÉ AUX CLERCS

© Belfond – Le Pré aux Clercs, 1992

ISBN : 2-266-05401-5

A Luis Buñuel

Note

La *controverse de Valladolid* est un événement historique, mais elle ne s'est pas déroulée comme je la raconte ici. Si elle opposa, avec beaucoup d'âpreté, le dominicain *Las Casas* et son adversaire *Sepúlveda*, il n'est pas sûr qu'ils se rencontrèrent et débattirent en public. On sait qu'ils échangèrent des textes, lesquels furent discutés, que Las Casas parla longuement (au point de fatiguer son auditoire), et que la controverse fut reprise l'année suivante, en 1551. Les conclusions n'en furent jamais officiellement proclamées.

L'intervention d'un légat du pape, l'apparition des colons, des Indiens, la concordance chronologique entre les décisions finales, tout cela je l'ai inventé, en essayant de rester près du vraisemblable, en tout cas du possible. Je n'ai eu pour intention que de soumettre un récit diffus à une dramaturgie, que de tendre et durcir l'action. La vérité que je cherche dans le récit n'est pas historique, mais dramatique.

Mes libertés s'arrêtent là. Pour tout le reste, qui constitue évidemment l'essentiel — les épisodes de l'histoire et les arguments échangés —, j'ai suivi scrupuleusement tout ce que j'ai pu lire et apprendre. Je n'ai rien inventé dans les considérations théologiques, raciales et culturelles. J'ai même serré de près le vocabulaire.

S'il s'y rencontre, comme c'est probable, des erreurs ou des omissions, elles ne sont dues qu'à mon étourderie ou à mon ignorance. J'espère, en modifiant la lettre de l'histoire, en avoir préservé l'esprit, et retrouvé peut-être le sentiment.

Outre les ouvrages classiques, de Las Casas, de Sepúlveda, de Cortés lui-même, de Bernal Díaz del Castillo, de Sahagún, et d'autres récits et commentaires de l'époque, je tiens, parmi les publications récentes, à remercier Tzvetan Todorov pour son excellente étude La Conquête de l'Amérique (la question de l'autre), et la présentation qu'il fit, avec Georges Baudot, des Récits aztèques de la Conquête. Ces deux ouvrages sont publiés aux éditions du Seuil.

J'ai également consulté Las Casas indigéniste, par André Saint-Lu (L'Harmattan), le livre de Francis Orhant Bartolomé de Las Casas (Les Éditions ouvrières), Le Destin brisé de l'empire aztèque, de Serge Gruzinski (Découvertes, Gallimard), et Bartolomé de Las Casas, l'Évangile et la force, de Marianne Mahn-Lot (Le Cerf).

Je suis aussi très redevable aux documents rassemblés par Jean-Paul Duviols dans sa thèse L'Amérique espagnole vue et rêvée, très bel ouvrage publié chez Promodis.

Enfin, j'ai partagé l'analyse et les émotions de J.M.G. Le Clézio dans Le Rêve mexicain, ou la pensée interrompue, et admiré sa présentation de la Relation de Michoacán ; deux livres publiés chez Gallimard.

J.-C. C.

1

Des peuples nouveaux. Qui sont-ils ?

Les habitants du Japon, de la Chine, que Marco Polo visita ? Les descendants d'une des tribus perdues d'Israël ? Les hommes fabuleux de Thulé, dont on parlait depuis l'Antiquité, depuis qu'un navigateur marseillais, nommé Pithéas, au retour d'un périple dans le grand océan de l'Ouest, avait raconté monts et merveilles ? Mais les Marseillais exagèrent, chacun sait ça.

Sont-ils une espèce nouvelle, que jamais personne ne rencontra ? Cette île, que les Espagnols appellent Hispaniola, une des premières où toucha Colomb, la première où — pour le malheur de tous — il trouva de l'or suspendu aux oreilles des indigènes, ne serait-elle pas l'île d'Ophir, dont parle la Bible, d'où Salomon lui-même faisait tirer le plus nécessaire de ses métaux ?

Sont-ils les gardiens redoutables des pommes d'or des Hespérides, dont le jardin est enfin accessible ? Les descendants des marins de Jason ? Ou les esclaves des Titans ?

Sont-ils le peuple des Lithophages, mangeurs de pierres, celui des habitants des Antipodes — qui marchent très certainement la tête en bas, même si Aristote le nie —, ceux qui ont une grande bouche ouverte juste au milieu de la poitrine, une large queue au bas des vertèbres, un œil rouge derrière la tête ? Sont-ils ceux dont les pieds sont tournés de l'autre côté ?

Sont-ils peut-être les hommes à tête de chien, les très féroces cynocéphales, qui se nourrissent de chair humaine toute fraîche ?

Sont-ils même des créatures infernales, puisque la plupart du temps ils vont tout nus, sans aucune pudeur ? A-t-on par accident touché au royaume du Diable ?

D'autres disaient au contraire — et Colomb lui-même n'était pas loin de le penser, lui qui s'affirmait choisi par Dieu comme messager — que devant des arbres si hauts, dans un air si doux, on se trouvait enfin dans les parages exacts du paradis, qu'on savait avec certitude localisé tout en haut d'une immense montagne, au bout du monde ; un paradis vraiment terrestre, c'est-à-dire situé sur la Terre, d'où l'eau descendait par quatre fleuves gigantesques, et où l'on pouvait boire à la fontaine de Jouvence.

Autre preuve, à l'opposé des monstres : l'état de nature, tout fait d'innocence et de gentillesse, où l'on voyait les habitants de ces lieux chauds et verdoyants. Des fruits inconnus pendaient aux arbres, des animaux étranges — épargnés par le déluge, qui n'avait point sévi par ici — couraient dans les bois et tournaient sur les broches. On affirmait même que certains oiseaux parlaient couramment des langues humaines, oiseaux d'avant Babel, porteurs de quels secrets ? Jusqu'au serpent, qu'on rencontrait à chaque pas : créature par excellence du paradis.

Mais pourquoi Dieu, guide assuré des navires chrétiens, avait-il mené les Espagnols (sous la conduite d'un Génois) jusqu'à ces rivages miraculeux ? Dans quel dessein, clair ou caché ? Pour établir enfin le triomphe de la vraie foi, en conduisant quelques bizarres équipages jusqu'aux portes de l'origine ? Plus simplement, pour enrichir la cassette du roi et par contrecoup celle de l'Église ? Car l'or est une chose excellente, comme le disait ce même Colomb. On ne voit rien à lui reprocher. Il peut servir à bien des accomplissements, « et même à mener des âmes au paradis ».

Le paradis ? Mais dans ce cas, qui sont ces habitants ? Des petits cousins d'Adam et d'Ève, restés jusqu'ici inconnus ? Les corps ressuscités des chrétiens d'autrefois, absous par le suprême tribunal ? Des anges aux ailes invisibles ?

Qui sont-ils ?

Les premières affabulations se dissipèrent assez vite. A cataloguer dans l'espèce humaine ? Aucun doute. Le premier soldat qui sauta sur une femme et l'engrossa en fit la rapide démonstration. Et même ils souriaient — au début, en tout cas —, ils imitaient les gestes et aussi les paroles de ceux qui venaient à leur découverte. La nuit, ils fermaient les yeux et dormaient. Ils ne pouvaient pas respirer dans l'eau, comme l'expérience le démontra, ni regarder en face le soleil. Ils criaient fort quand on leur faisait mal. Fatigués, ils se reposaient.

Des hommes et des femmes. Mais de quel type ? Relevant de quelle catégorie ? La lointaine pensée d'Aristote domine encore la raison. Même si parfois la nature se trompe, si on ne peut pas totalement compter sur elle, il est clair que, lors de la création et de l'expansion de l'espèce humaine, plusieurs étages ont été prévus. Par exemple : les uns sont des civilisés, et les autres sont des barbares. Les uns sont nés pour commander, et les autres pour obéir.

A vrai dire, on ne fut pas long à déclarer que les peuples nouveaux avaient pour vocation l'obéissance. D'apparence fruste, sans écriture, sans architecture visible, sans religion articulée, ils étaient des esclaves-nés, de vrais esclaves de nature.

Aussi commença-t-on à les assembler, à les embrigader, à les mettre rudement au travail, à les enchaîner pour leur enlever toute tentation d'évasion, à les frapper et même à les tuer quand ils sortaient de leur nature, autrement dit quand ils se montraient désobéissants et voulaient vivre à leur façon.

Leur existence n'importait guère. Une ancienne tradition d'esclavage, largement nourrie, tout au long de l'Antiquité, par d'interminables cortèges de captifs — vraie monnaie d'échange internationale —, préparait la plupart des esprits à ce nouvel épisode de l'exploitation, quelquefois forcenée, de l'homme par l'homme ; étant bien entendu, et tout à fait certain, que les vies du haut de l'échelle ont infiniment plus de valeur que celles que la nature a situées sur les bas degrés.

De toute manière, Espagnols et Portugais savaient parfaitement qu'au long du Moyen Age ce commerce s'était poursuivi, que les habitants du Sahara, et du nord de l'Afrique, faisaient incessamment traverser le désert à des caravanes d'esclaves noirs, conquis ou achetés dans le Sud, et destinés à tous les royaumes du Nord, aux Turcs bien sûr, aux Perses, aux Maures, mais aussi parfois aux chrétiens.

Dieu, par la découverte providentielle de ce qu'on allait nommer l'Amérique (du nom d'un autre navigateur, Amerigo Vespucci, ami du premier), accordait donc aux Blancs chrétiens, sur des terres nouvelles, une nouvelle population de serfs. Et grâce lui en était rendue.

Pour dire la vérité (essayer en tout cas), si la plupart des aventuriers embarqués sur les caravelles — et ils se multiplient dans les années qui suivent — ne montraient aucune espèce de scrupule à malmener les indigènes, beaucoup moins bien armés, d'autres Européens se sont émus de très bonne heure. La première bulle papale, par exemple, qui reconnaît dès la fin 92 la souveraineté de l'Espagne sur les nouvelles terres de l'Ouest, qu'on appelle les Indes (l'année suivante ces territoires seront partagés entre l'Espagne et le Portugal), parle d'indigènes « pacifiques », qu'il importe primordialement d'amener à la foi catholique.

Tout resplendissants encore du prestige de la reconquête de l'Espagne sur les Maures — car la chute de Grenade se produit en 1492, année même où Colomb touche terre là-bas —, les souverains très catholiques, symboles de l'Espagne unifiée, Ferdinand et Isabelle, envoient des missionnaires, surtout des moines augustins, franciscains et dominicains, pour exaucer les vœux de la bulle du pape.

Et cela au moment même où la vision paradisiaque s'efface à très grande vitesse. Après tout, ces indigènes n'ont rien de meilleur que les Européens. On parle aussi d'anthropophagie, de querelles brutales, d'ivrognerie, de maladies dues à l'abus de sexe. Aucune raison de les ménager.

Les premiers moines-missionnaires, partis dans l'allégresse, furent surpris et souvent déçus par le paradis. Certains d'entre eux, dès ce moment-là, protestèrent contre les très durs traitements. Ils ne purent empêcher que la mise en esclavage se poursuivît, et même que cinq cents Indiens fussent entassés à fond de cale, avec femmes et enfants, pour être envoyés — butin de guerre, ainsi le veut l'antique tradition — jusqu'en Espagne.

Choquée, la reine Isabelle convoqua une réunion de théologiens, les interrogea, les écouta, et prit la bonne décision de libérer les prétendus esclaves.

Elle fut la première à tenter d'organiser la défense des peuples indiens. Mais elle mourut en 1504. Et rien ne pouvait arrêter l'exploration des Caraïbes. Un appel irrésistible venait de l'Ouest. Après la reconquête, la conquête. Des bateaux descendaient le long des côtes, reconnaissant peu à peu la réalité d'un continent immense, inconnu jusqu'alors, insoupçonné, qui barrait la route de la Chine et rejoignait peut-être les terres qu'on appelait australes, ne laissant aucune sorte de passage qui permît de faire le tour du monde. Un continent pour quelques équipages.

De Séville, en ce qui concernait les Espagnols, la fameuse *Casa de Contratación* régissait au nom du roi l'exploitation des terres nouvelles. Le plus rapidement possible — mais le rythme des voyages restait très lent — on dessinait un cadastre, on mettait en place une agriculture, on creusait des mines. On trouva de l'or ailleurs qu'aux oreilles des habitants. Les vagues d'aventuriers grossissaient sans cesse. Aucun frein ne servait, ni la peur du naufrage ni la crainte de Dieu.

Depuis 1501, à l'initiative d'Isabelle, se pratique l'*encomienda,* distribution du sol que l'Espagne favorisait déjà en Andalousie, sur les terres reprises aux Maures. Un système très simple, presque trop simple : on donne aux capitaines espagnols des lots de terre, souvent très importants, avec villages, cours d'eau, sous-sol, populations. Les habitants, reconquis et soumis — ou simplement conquis —, sont mis à la libre disposition des nouveaux maîtres. Ils travaillent et paient tribut. Un cinquième de toute ressource revient au roi. Système brutal, d'un féodalisme déjà très archaïque au début du xvie siècle, qui laisse au chef plein pouvoir sur les biens et sur les personnes. Mais on racontait à la reine — a beau mentir qui vient de loin — que les populations, réfractaires aux méthodes de la vraie civilisation, s'effarouchaient rapidement et s'enfuyaient dans les montagnes. Quel meilleur moyen de les rassembler que cette *encomienda* vite encerclée de palissades et gardée par des chiens féroces ?

Dès 1511, un dominicain nommé Cordoba, très jeune encore, dans la toute neuve cathédrale de Saint-Domingue, la capitale d'Hispaniola, lance un sermon terrible contre les colonisateurs. C'est un coup de tonnerre. Publiquement, et dans l'enceinte d'un lieu sacré, il affirme que les indigènes sont très injustement maltraités. Il dit même qu'ils sont des hommes, qu'ils ont une raison, une âme, et qu'il refusera dorénavant l'absolution aux Espagnols qui garderont les biens volés.

Une longue bataille s'ouvre, au cœur même du monde espagnol, au moment précis où la « légende noire », les premiers récits d'atrocités, commence à se répandre dans toute l'Europe par la bouche des voyageurs — récits immédiatement exploités par les ennemis de l'Espagne, qui font d'elle un pays peuplé de tortionnaires.

Les colons protestent fortement contre le sermon du jeune moine. Celui-ci revient en Espagne, est reçu par le roi veuf, réussit à le toucher. On réunit une fois de plus des théologiens, dont aucun n'a fait la traversée, et ils proposent en 1512 ce qu'on appelle les *lois de Burgos* : en fait, une réglementation qui tâchait de réduire les horaires de travail dans les *encomiendas,* en insistant une fois de plus sur la nécessité de donner une éducation catholique aux fils des caciques.

Peine perdue. Personne, d'ailleurs, ne nourrit la plus mince illusion sur le pouvoir d'application d'une réglementation si lointaine ; d'autant plus que les lois de Burgos s'accompagnent, l'année suivante, de l'institution du *requerimiento,* qui va faire rire et pleurer l'Europe.

Comment établir une domination légale sur des indigènes tout nouvellement rencontrés ? C'est très simple, disent certains théologiens. Il suffit de s'adresser à eux, sous la bonne protection d'une escorte munie de fusils (arme qu'ils ignorent et qui les terrifie), et de leur lire au nom du roi un texte officiel, parfois même directement en espagnol, sans interprète, texte qui raconte en une page l'histoire générale du monde depuis la Création et l'établissement de la foi véritable par la venue du Christ sur la Terre. Lecture affirmative et brève de la vérité, qu'on peut imaginer dans la clairière de quelque forêt tropicale, face à des Indiens étonnés, ou dans une crique, sur le sable, près de la mer, et qui se termine ainsi : le pape Alexandre VI, représentant de Dieu, et agissant en Son nom, a donné au roi d'Espagne un droit sur ces terres nouvelles. Ces terres, *ipso facto,* cessent d'appartenir aux indigènes (qui n'étaient là que par hasard, ou par erreur, en attendant l'arrivée des vrais maîtres) et passent aux mains espagnoles. Les Indiens sont prévenus par cette lecture. En conséquence, ils sont « requis » de se soumettre et de faire dorénavant ce qu'on leur dira. Sinon gare à eux. Pourraient être portés, dans ce qu'ils croyaient être leur pays, « le fer et le feu ».

Chacun sait bien — au moins du côté espagnol — ce que ces deux mots veulent dire.

On a coutume, quand on raconte l'histoire d'une pénétration, d'une conquête, de mettre en première place le marchand, suivi par le missionnaire et le soldat, qui viennent ensemble. Dommage d'oublier le notaire, dont le rôle est fondamental. Il suffit de lire quelques lettres de Cicéron à son protégé Trebatius pendant la guerre des Gaules, pour voir à quel point il importe d'apporter aux barbares les merveilles du droit romain. Toute spoliation se fait en règle. Ici aussi.

Comme on le pense, cette incroyable formalité n'arrange rien, ni du côté des habitants, qui s'enfuient aussi loin qu'ils peuvent des « longs bâtons porteurs de feu », ni du côté des moines, dont certains s'acharnent à protester, à crier scandale. Quant aux colonisateurs espagnols — à quelques exceptions près —, ils continuent, sans difficulté de conscience apparente, à considérer les indigènes comme un troupeau d'animaux domestiques. A Cuba, par exemple, on échange quatre-vingts individus contre une jument.

En Europe, la légende noire se noircit encore.

En 1519, Martin Luther entre ouvertement en lutte contre la papauté. La nouvelle religion, qui se dit chrétienne mais réformée, gagne rapidement l'Europe du Nord, appuyée par des princes, des banquiers, des penseurs. Une fois de plus, au nom d'une correction des croyances, des peuples voisins, qui se connaissent et se mêlent depuis des siècles, maintenant se déchirent. Des nations entières abandonnent Rome.

Comment interpréter le succès troublant de cette hérésie, qui va jusqu'au schisme, et qui sera bientôt suivie, à partir de 1534, par la sécession retentissante de l'Église d'Angleterre ? Pourquoi ces signes de division et d'abandon ? Dieu vient d'accorder à la foi chrétienne traditionnelle, celle qui se réclame fidèlement de Rome, un triomphe éclatant sur les Maures, chassés d'Espagne. L'Islam paraît à la dérive. On ne lui en donne plus pour très longtemps.

Autre preuve de l'assistance divine : la découverte de ce nouveau monde, clairement destiné à la vraie foi du Christ. Découverte qui, renforçant la défaite de Boabdil à Grenade, conduisit l'Espagne à une tentative très étonnante de purification. Installés dans leur certitude chrétienne, les souverains très catholiques, dès 1492, obligèrent les juifs d'Espagne à s'exiler, à moins qu'ils ne consentissent à se convertir, avec toutes les preuves de la sincérité.

Dix ans plus tard, en 1502, le pouvoir royal agit de la même façon — sous des modalités différentes — avec les musulmans, qui continuaient à pratiquer leur foi. L'exil ou la croix : à eux de choisir. Et pour bien surveiller que tout allait dans le bon sens, dès 1478, on avait installé le tribunal de l'Inquisition, avec pour tâche d'examiner tout manquement, toute rechute. On demandait même aux nouveaux chrétiens, aux *conversos,* des preuves de la « pureté de leur sang », quand ils prétendaient accéder aux ordres religieux, militaires ; aux anciens musulmans, surtout, qui s'obstinaient souvent, dans la clandestinité, à invoquer leur Dieu à leur fausse manière.

Tout entraînait l'Espagne — même la conquête de la Navarre en 1512 et l'éclatante victoire sur les Français, à Pavie, en 1525, où le roi de France en personne, François Ier, fut emmené prisonnier et incarcéré à Madrid — sur le chemin de la certitude. Et Dieu, visiblement, marchait à ses côtés. Alors, pourquoi Luther ? Pourquoi Henri VIII ? Pourquoi l'hostilité des seigneurs allemands ? Pourquoi ce recul de la foi ? Simple preuve de la tenace barbarie du Nord ? Ou bien quoi ?

Contre cette révolte hérétique, où la politique et le commerce, très vite (et comme d'habitude), se mêlent à la théologie, l'Église de Rome semble affaiblie. Elle se relève mal de la corruption des papes Borgia et des orgies vaticanesques. Elle peine à retrouver sa vocation spirituelle, sa résonance surnaturelle — et cela malgré l'apport considérable des jésuites, qui vont venir à la rescousse, obéissant au pape « comme des cadavres » et bientôt passionnés par les Indes de l'Ouest, par l'éducation, la formation, la mise en civilisation chrétienne des sociétés les plus primitives.

C'est alors, en 1519, comme par une étrange compensation du destin (on disait plutôt de la Providence), que les Espagnols abordent sérieusement aux côtes du Mexique. Ici, il n'est plus question de quelques peuplades innocentes, vivant dans la nudité au milieu des arbres. Il s'agit d'un empire véritable, dominé — depuis peu, d'ailleurs — par les Aztèques, lesquels oppriment une bonne dizaine d'autres peuples. Il s'agit d'un assemblage d'États très minutieusement organisé, avec des cités, un empereur, une religion précise, des mythes, des impôts, des esclaves. On ne peut plus parler ni de paradis ni de sauvages. Cortés insiste sur l'« ordre parfait » qui se voit dans les grandes villes. Adieu l'innocence, le premier âge.

Le problème changeant d'aspect, il faut trouver d'autres définitions. L'imaginaire parfois condescendant du commencement, qui allait de l'émerveillement à la cruauté, de l'attendrissement à la moquerie, cède peu à peu la place à l'Histoire.

Phénomène unique dans le déroulement des siècles : deux empires se rencontrent, hautement organisés l'un et l'autre, et qui pourtant jamais ne se connurent, même par ouï-dire. La Terre abritait donc des millions d'inconnus. De part et d'autre, stupéfaction ; comme si des êtres à l'allure d'hommes débarquaient d'une autre planète. Plus question d'individus, de clans, de bandes, de tribus. Voici une société complexe, organisée en toutes ses parties.

Seule reste la question, toujours la même : qui sont-ils ?

Selon toute apparence, Dieu a débarqué au Mexique avec Cortés et ses soldats. Il n'abandonne pas les Espagnols, très loin de là. Leur victoire est rapide et totale. La capitale aztèque, Tenochtitlán — qui sera Mexico —, tombe en 1521. Le reste suivra. Des richesses fabuleuses s'annoncent, laissant prévoir une colonie de peuplement, des territoires annexés. D'ailleurs Cortés se fait nommer vice-roi. Jouant habilement sur les divisions des peuples et leur opposition à l'empereur aztèque, profitant de ses armes à feu, de ses chevaux, des maladies nouvelles et dévastatrices qui sont comme ses alliées, s'appuyant sur quelques anciennes prophéties qui le présentent comme un demi-dieu de retour, ou tout au moins comme son messager, il étend les frontières de l'empire espagnol dans toutes les directions possibles, et même dans l'esprit et dans le cœur des indigènes. C'est une conquête prodigieuse (quelques centaines de soldats vont soumettre vingt millions d'hommes), mais qui se rattache vite à la longue histoire des guerres. Même si, au début, de part et d'autre, subsiste une curiosité légendaire, qui conduit certains cavaliers espagnols à ne jamais mettre pied à terre, pour donner à penser que l'homme et le cheval ne forment qu'une seule créature fabuleuse; et les indigènes, de l'autre côté, à plonger dans l'eau les cadavres espagnols et à les observer longuement pour voir si leur chair va pourrir ou bien se conserver éternellement comme la matière même des dieux, ces rumeurs étranges vont assez vite se dissoudre. Il s'agit bien de groupes humains que l'Histoire a brutalement confrontés.

L'imagination se déplace. Les rêves se transportent alors dans les immenses forêts du Sud, dans les montagnes qui — on commence à s'en rendre compte — barrent solidement tout le continent. Là-bas, on aperçoit des fleuves si larges qu'ils se confondent avec la mer. Parfois, l'eau de ces fleuves remonte vers les sources. Les arbres sont plus élevés que les cathédrales. Des pierres parlent. Assez souvent, au passage des navires, des sirènes se montrent négligemment dans les tourbillons des eaux troubles. D'où viennent ces gigantesques masses d'eau? De quelles énormes montagnes touchant le ciel? Colomb se demandait déjà si l'Orénoque ne prenait pas source au paradis.

Serait-elle le Gange, un des quatre grands fleuves du monde ?

Plus loin se cachent les dangereuses Amazones, enfin découvertes, qui ne sont vêtues que de plumes et qui se brûlent le sein droit pour mieux bander leurs arcs, comme le racontaient les vieux historiens grecs ; et aussi des peuples à la peau rouge, qui vivent nus sous une pluie permanente, mangent des singes et des serpents, et qui cependant ont édifié des villes gigantesques dont les coupoles sont toutes taillées dans l'or pur.

Là aussi pourtant, peu à peu, la légende recule devant les poussées des conquistadores. Colomb est mort en 1506, emportant avec lui les rêves angéliques de la première génération de découvreurs. D'autres se précipitent, de plus en plus nombreux, de plus en plus rapaces. On trouve facilement des hommes d'affaires qui financent une expédition. Et bientôt seul le profit compte. Pizarre, qui n'a rien d'un rêveur, conquiert l'empire inca par le mensonge et la violence. Comme Cortés, il utilise des dissensions, une querelle de succession entre Huascas et Atahualpa, deux prétendants au trône. Il comprend que la domination des Incas est récente et fragile, il tient ses hommes par le butin, il s'appuie lui aussi sur une ancienne prophétie promettant le retour d'un dieu. Étrange dieu, qui tue les dieux, qui fracasse les croyances solaires, qui assassine l'empereur, représentant de l'au-delà — et qui mourra lui-même, tué par de simples hommes.

D'autres s'enfoncent dans l'isthme, au Guatemala, au Nicaragua, d'autres descendent les grands fleuves boueux, d'autres se hasardent dans la forêt, crevant de chaud sous leurs cuirasses. L'or justifie toute souffrance.

En même temps, le nouveau souverain d'Espagne, Charles Quint, apprend à gérer cette abondance de matière précieuse que le Ciel — sans aucun doute — dépose chaque jour au pied de la couronne. Il supervise un large réseau de commerçants, d'entremetteurs et d'armateurs. Les emprunts qu'il souscrit auprès des banquiers italiens, allemands — car ses besoins d'argent sont sans limites, l'armée espagnole étant la mieux payée d'Europe —, il les garantit sur ses ressources propres, sur le « quint » du roi. Tous les créanciers lui font confiance, même les protestants parfois. Les mines paraissent inépuisables. Et voici que viennent aussi les épices, les bois précieux, le cacao, et des légumes inconnus, et le tabac qui séduira le monde. L'Espagne saccage ses forêts pour construire à la hâte des flottes de galions. Des convois réguliers s'organisent. Quand certains bâtiments s'égarent, ils se voient déjà attaqués par les premiers pirates d'Angleterre, financés en secret par des banquiers de Londres.

Toute conquête est complexe. Tout bouleversement historique suppose, malgré la courbe presque inflexible sous laquelle plient les événements, une part de chaos et de contradiction. Si tous les Espagnols et tous les Portugais, même les moines (à des nuances près), paraissent s'accorder sur la légitimité de l'exploitation de la terre, si tous pensent avec sincérité que ces produits, à commencer par l'or et par l'argent, sont un don véritable de Dieu, les avis divergent très vite sur la nature et le caractère des habitants, et par voie de conséquence sur la valeur de leurs coutumes et le traitement qui leur est dû.

Au début, sans discernement, les soldats détruisent. A croire qu'ils sont venus pour ça. Malgré les cris d'admiration de Cortés et de beaucoup d'autres, ils rasent les pyramides — pour qu'on y édifie des églises, greniers de la vraie foi —, ils anéantissent une architecture originale, cassent les statues, brûlent les codex, longues suites de dessins et de textes qui racontaient l'histoire de ces peuples.

Rien de nouveau là-dedans. Le vaincu n'a aucun droit. Du moment que le sort des armes lui a été contraire, il est abandonné des forces surnaturelles et en quelque sorte désavoué. La persistance de son existence terrestre n'a plus d'importance. Qu'il disparaisse, Dieu ou les dieux trouveront ça normal. César a longuement décrit certaines de ses opérations militaires, en se réservant bien entendu le beau rôle, puisque parmi tous les droits du vainqueur on trouve aussi celui de raconter. Mais il n'a pas laissé le récit d'un seul mythe gaulois.

Si j'ai conquis cette terre, c'est parce que Dieu l'a voulu. Il a fait de moi le plus fort. La civilisation que j'ai subjuguée, même si je ne peux m'empêcher de la trouver belle, n'a pour futur que la disparition. Voilà sans doute ce que pensait Cortés, à supposer que le problème l'effleurât, ce qui est loin d'être assuré.

Assez vite, cependant, certains Espagnols s'intéressent de très près à ce que nous appelons aujourd'hui les « cultures précolombiennes ». Au-delà d'une simple curiosité de voyageurs, ils observent, notent, dessinent et racontent. Le plus opiniâtre de ces hommes sera le franciscain Sahagún, qui travaillera pendant plus de trente ans à une compilation minutieuse de tous les usages locaux. Travail difficile, parsemé de batailles et d'embûches de toutes sortes, toujours combattu par l'autorité : Sahagún mourra à quatre-vingt-dix ans sans voir son œuvre publiée.

Les années passent, les problèmes restent. En 1537, par la bulle *Sublimis Deus,* le Saint-Siège renouvelle ses exhortations. Il y est dit très clairement que les Indiens sont doués de raison et de dignité, qu'ils ne peuvent pas être emprisonnés arbitrairement, ni privés de leurs biens. Il est dit aussi qu'ils doivent être « invités à la foi par la prédication de la parole et l'exemple des bonnes mœurs ».

Recommandations inutiles, une fois de plus.

La conquête du Mexique s'achève en 1546 par la soumission — durement payée — des Mayas du Yucatán. Cortés meurt dans la disgrâce en 1547, l'année même où naît Cervantès. Depuis la découverte de 1492, une troisième génération d'Espagnols arrive à l'âge adulte. Des récits ont rendu le Nouveau Monde plus familier. Les esprits se sont habitués peu à peu à la présence d'un continent, ce « nouvel hémisphère inconnu des anciens » que présageait déjà Colomb, et que dans les cartes récentes on imagine relié à l'Asie, vers le nord. Les légendes continuent de s'effacer, les monstres s'éloignent, les marins voient de moins en moins de sirènes. Déjà vingt-trois évêchés ont été établis là-bas. Les premiers métis des Caraïbes ont des cheveux blancs. Ceux de Mexico vont sur leurs vingt-cinq ans.

Et pourtant, le problème reste tout aussi aigu que naguère. Qui sont-ils ? Comment les traiter en fait et en droit ? Les « lois nouvelles » de 1542, aussitôt ridiculisées, sont restées vides. La loi est toujours celle du plus fort : habitude historique. Cependant, tout indique que la population indigène, hors d'état de se révolter, commence à décroître à grande vitesse. Cette main-d'œuvre gratuite, si généreusement fournie par Dieu, va-t-elle maintenant manquer ?

La réussite militaire et économique de la conquête s'accompagne, si l'on peut dire, d'un très sérieux fiasco humain. Toutes les enquêtes, disputes, études, missions menées par les uns et les autres — et même parfois par des étrangers — n'ont pas dissipé la confusion. Les mêmes affirmations contraires s'affrontent sans que les deux autorités, royale et papale, se soient clairement prononcées. Une part d'ambiguïté et d'incertitude subsiste, qui offre à la légende noire un support permanent, dont l'Espagne se passerait bien. Même si la Réforme épargne presque totalement la péninsule, même si le catholicisme, une première fois rétabli en Angleterre par Marie Tudor, ne va pas tarder à disparaître définitivement quand Élisabeth prendra la couronne, il reste une tache sur le siècle d'or, et les ennemis ne voient qu'elle.

Après un long pontificat de seize ans, le pape Jules III vient de mourir. Paul III lui succède, qui va se montrer soucieux, comme son prédécesseur, de rétablir le prestige de la papauté, de laver toute tache, d'extirper tout poison. Au même moment, au mois d'avril 1550, Charles Quint décide d'arrêter provisoirement les expéditions de conquête, sauf exceptions dûment certifiées par le roi. Personne ne peut mettre en doute les problèmes de conscience qui paraissent l'obséder, même si des pressions ecclésiastiques s'exercent sur lui de toutes parts, sans doute même au secret de la confession. De là cette nécessité, dès 1550, d'une confrontation qu'on espère définitive, d'où jaillira la vérité, claire pour toujours, et indiscutée. Elle va se tenir, à la demande même du roi, dans sa capitale, à Valladolid.

2

L'usage veut, pour décider d'une de ces grandes disputes où s'établissent durablement les certitudes, qu'on trouve chaque fois un prétexte. En l'occurrence, le voici : un chanoine de Cordoue, Ginés de Sepúlveda, qui s'est fait une grande réputation de science en traduisant plusieurs livres d'Aristote et qui a longtemps vécu en Italie, vient de publier à Rome un ouvrage redoutable qui s'intitule en latin *Democrates alter, sive de justis belli causis,* c'est-à-dire : Des justes causes de la guerre.

Sous une forme à la mode, celle du dialogue, l'auteur met en présence deux personnages imaginaires dont l'un, Democrates, donne son nom au livre. Il est le porte-parole de Sepúlveda. Ces deux hommes en rencontrent un troisième qui n'est autre qu'Hernán Cortés, le conquérant et vice-roi du Mexique (qui fut l'ami personnel de l'auteur), et la discussion est lancée. Jusqu'à quel point, se demande-t-on, les guerres indiennes sont-elles justifiées ? L'action de Cortés et des autres a-t-elle été légitime ? Democrates répond affirmativement à ces questions et Sepúlveda donne ses arguments, qu'il reprendra au cours de la dispute.

L'auteur désire que son livre soit publié en Espagne. Mais les dominicains des universités d'Alcalá et de Salamanque, qui ont examiné l'ouvrage, ont refusé l'imprimatur, le jugeant contraire à la vérité et à la tradition apostolique. Sepúlveda insiste et fait intervenir ceux — ils sont nombreux — qui ont tout intérêt à voir ses thèses officiellement reconnues. Cette lutte d'influence est d'une importance fondamentale : si le clergé espagnol, observé par la papauté, autorise la publication du *Democrates* du même coup, implicitement, il en accepte les terrifiantes conclusions.

Le roi nomme une commission de théologiens qui se réunit au mois d'août à Valladolid, en Nouvelle-Castille. En face de Sepúlveda va se dresser un homme inévitable, tumultueux, déjà très célèbre, le père Bartolomé de Las Casas.

Il a soixante-seize ans.

Pour cet étonnant personnage, qui aujourd'hui encore suscite des polémiques souvent amères, le Nouveau Monde est une vieille histoire ; et cette histoire, qui occuperait un feuilleton, vaut d'être évoquée en quelques pages, juste avant que l'homme entre en scène.

Né à Séville, il a huit ans en 1492, quand les premiers Espagnols posent le pied sur le sol des Antilles. Comme tous les garçons sévillans, il a très certainement assisté au retour de la flotte, au printemps 93. Il a vu descendre des caravelles les sept Indiens aux coiffures de plumes, et les perroquets, et les tout premiers épis de maïs. Peut-être même a-t-il goûté aux fruits nouveaux. Sans doute, à travers la foule agitée, a-t-il aperçu Christophe Colomb, dont il racontera plus tard l'histoire. Avec la population tout entière, il a dansé, il a remercié Dieu et crié sa joie au cours des grandes fêtes de Séville, données en l'honneur du navigateur.

L'appel du large agite sa famille. Son père et son oncle participent à la seconde expédition, grosse cette fois de dix-sept navires, qui emporte douze cents hommes. Déception et tristesse à l'arrivée là-bas : on ne trouve aucun survivant des Espagnols restés sur place, on ne découvre aucune mine d'or immédiatement exploitable. Cette deuxième expédition marque le commencement de la prise de possession, des exactions contre les indigènes et des batailles. Parmi les Indiens vaincus et capturés (sans aucune peine), le père de Bartolomé en choisit un, qu'il envoie à sa famille, vivant cadeau des îles.

Bartolomé — qui voit donc cet Indien près de lui, avant qu'il soit émancipé sur ordre de la reine — grandit à Séville, où s'entendent déjà tous les échos de la conquête. Il étudie, il reçoit les ordres mineurs et en 1502, âgé de dix-huit ans, obéissant à un appel secret qui jamais ne s'affaiblira, il s'embarque à son tour.

Pendant quelques années, il se trouve très à son aise. Il accepte le système de l'*encomienda* sans interrogation particulière, il y trouve même des avantages. La cupidité des premiers colons, déjà très active, ne semble en aucune façon le gêner. Son seul souci, conforme à sa vocation sacerdotale, paraît être, tout en jouissant du climat, de mener les Indiens vers la foi catholique, comme le demande avec insistance la reine.

Il reçoit des terres, qu'il administre. Pendant dix ans, il poursuit une existence assez agréable, il se montre sensible à la beauté des paysages, des fleurs, des oiseaux. Les problèmes posés par la mise en esclavage des habitants ne le tracassent pas encore. Il chasse tout nuage de son nouveau ciel.

Après un aller et retour au cours duquel il est ordonné prêtre à Rome, il chante en 1510 sa première messe dans le Nouveau Monde. C'est la première fois, semble-t-il, qu'on y célèbre la première messe d'un jeune prêtre.

Comme tous les autres, sans doute, il est brutalement frappé par le sermon dénonciateur de Cordoba, un autre jeune homme, par cette voix « qui crie dans le désert de cette île ». Ses yeux, son cœur s'ouvrent. Il a vingt-sept ans.

En 1514, il passe à Cuba avec les hommes du capitaine Narvaez, dont il est l'aumônier. Son rôle, comme toujours, est de porter la parole sainte. C'est là qu'il assiste au premier massacre d'Indiens, épisode qui le bouleverse et qu'il racontera dans ses livres.

Quelques mois plus tard, comme il le dit lui-même, il se « convertit ». Bien qu'il poursuive avec succès l'exploitation de son *encomienda,* il reconnaît ses torts, il ne peut plus tolérer cette connivence tacite qui semble s'établir entre des militaires égorgeurs et les représentants de l'Église. Sa conviction s'établit et s'exprime : l'*encomienda* est une « invention satanique ». Tout ce qui se commet aux Indes vis-à-vis des Indiens est « injuste et tyrannique ».

Dès lors, le reste de sa vie — étonnamment aventureuse — ne sera qu'un long combat pour la défense des indigènes, par la parole (souvent véhémente), par la publication, par d'innombrables voyages, démarches, interventions, supplications et remontrances. Bien qu'il admette — dans sa jeunesse en tout cas, plus tard il changera d'opinion — que la conquête de la « Nouvelle Espagne » est légitime et irréversible, bien qu'il affirme avec constance que chrétiens et Indiens doivent par nécessité vivre et travailler ensemble, il lutte maintenant pour son idée de la justice.

Il n'est pas le seul. Les deux cardinaux qui régissent l'Espagne après la mort du roi Ferdinand, en 1516, Cisneros et Adrien, partagent en partie ses idées, ce qui n'est pas le cas du très actif évêque de Burgos, Fonseca, qui dirige à ce moment-là, à Séville, la *Casa de Contratación* — organisme décrié, soumis à mille passions corruptrices, et qui voit même plusieurs administrateurs arrêtés.

Las Casas présente avec persistance ses plans personnels de colonisation, qui prévoient là-bas des communautés de laboureurs indiens et castillans. Il croit qu'une occupation du sol pacifique, menée par des religieux, est possible et même rentable.

Nommé procureur des Indiens à son retour aux Antilles, il essaie de mettre ses plans à exécution et rencontre, chez les colons, une opposition tantôt virulente et tantôt perverse. On lui tresse une mauvaise réputation, on l'attaque par la calomnie. Il revient en Espagne et s'oppose ouvertement, et violemment, à un des premiers prélats du Nouveau Monde, l'évêque Quevedo, lequel l'accuse de parler de ce qu'il ne connaît pas.

Las Casas afffirme en effet à qui veut l'entendre que les Indiens sont libres par nature et que les Espagnols n'ont aucun droit sur eux. A chaque nouvelle dispute, on dirait que ses idées se font plus précises, plus radicales. Un nouvel argument l'anime, la dépopulation rapide des Antilles, ces îles vertes où le bonheur semblait facile. Au paradis, mortalité en hausse. Revenu en Amérique, il tente de mettre en valeur, selon ses méthodes, une large propriété, au nord du Venezuela. Avec lui, il a fait voyager un groupe de paysans espagnols, pour les associer aux Indiens.

Échec sanglant. Fin prochaine des illusions.

Il accepte alors de prendre l'habit des dominicains, ce qui le place pour le reste de sa vie à l'intérieur d'un ordre puissant et organisé. Bien abrité, il développe son combat. A quarante ans, ayant accès aux archives de Christophe Colomb, lequel est mort depuis longtemps, il se met à écrire, plusieurs livres à la fois. Son grand projet est de raconter l'histoire complète des Indes, depuis le début, sans ménager quelque autorité que ce soit, et de réhabiliter la condition de la personne indienne. Un de ses ouvrages s'intitulera : *De l'unique manière d'attirer tout le genre humain à la religion véritable.* Cette manière, il n'en doutera jamais, est pacifique. La manière même du Christ.

La conquête du Mexique le confirme dans son attitude farouche. Sa haine pour Cortés (qu'il a rencontré) est immédiate et durable. Il se lit d'amitié avec un franciscain nommé Zumarraga, qui, évêque de Mexico, se bat lui aussi de son mieux pour la liberté et le bien-être des « frères indiens ». A la même époque il s'embarque pour le Pérou, où Pizarre commence ses ravages, mais le bateau qui le transporte s'échoue sur les côtes du Nicaragua. Il touche terre et des visions de paradis possible le reprennent. Il n'est pas concevable qu'une nature aussi généreuse, aussi belle, ne pousse les hommes qu'à se dominer et à s'entre-tuer.

Il se remet en route, il prêche où il peut, il s'oppose aux expéditions, il s'attire l'hostilité agissante du gouverneur. Mis en danger, il passe au Guatemala, le pays des Mayas, il s'installe à Santiago et commence à développer l'idée fixe qu'il soutiendra jusqu'à la mort : « La bonne conquête est celle des âmes. » Tout emploi de la force est par définition mauvais. A bannir, ce « fléau pestilentiel ».

Pour prôner l'exemple, et comme aucune entreprise ne paraît devoir l'arrêter, Las Casas en arrive alors à fonder, dans la région de Tezulutlan, un territoire qu'il appelle tout simplement « de la vraie paix » (ce qui laisse supposer qu'il existe une fausse paix, celle qu'on obtient par les armes). Il s'agit de pénétrer une région vierge et d'y apporter la foi par la douceur.

Cela prend du temps, des années de manœuvres, de contacts avec les caciques locaux (quatre d'entre eux finiront par se convertir, sans qu'on puisse dire avec quel degré de sincérité), de babioles données, de pourparlers interminables à l'aide de quelques marchands indiens qui eux aussi se convertissent, non sans l'appui, dit-on, de pièces d'or.

Au début, cela semble un succès. Lorsque Las Casas revient en Espagne en 1539, il est connu et respecté, malgré les aversions qu'il suscite partout. Il obtient des avantages considérables pour les missions dominicaines, qui seules auront le droit d'entrer dans le territoire accordé — à l'indignation des colons, comme on imagine.

Le difficile apostolat se poursuit. On compose même de petites chansons pour mieux convaincre les Indiens, qu'on dit sensibles à la musique. Deux autres caciques reçoivent le baptême, cérémonie emplumée, toujours spectaculaire, qui frappe les populations. L'église de Vera Paz, de la Vraie Paix, est fondée en 1547.

Le principe même de la conquête pacifique, conquête des âmes et non des corps, paraît à ce moment-là triompher. Mais tout se détériore assez vite. On commence à dire que les Lacandons, qui se trouvent justement sur le territoire de la Vraie Paix, persistent à pratiquer le sacrifice humain, et qu'ils torturent à l'occasion les dominicains. Il faudrait donc les attaquer, ce qui est contraire au principe fixé. Incertitude. On agit comme on peut. Comment convaincre pacifiquement des anthropophages ?

En Espagne, où il revient poursuivre son combat, Las Casas reçoit l'appui indirect d'un illustre théologien qu'on appellera le Socrate espagnol, Francisco de Vitoria, lequel enseigne en particulier à Salamanque et dénonce jusqu'à la notion de « juste guerre » et de baptême forcé, ou précipité. En sa qualité de procureur (c'est-à-dire de défenseur), Las Casas participe également aux séances du Conseil des Indes, qui sont très souvent tumultueuses. Charles Quint le reçoit et l'écoute.

En 1543, haute promotion : il est nommé évêque de Chiapas, grand territoire qu'on situe dans le nord du Guatemala et qui s'étend d'un océan à l'autre. Il y arrive deux ans plus tard, après un autre naufrage où il perd toute sa bibliothèque et neuf des dominicains qui l'accompagnaient.

Dans son évêché, comme on peut s'y attendre, son premier soin est d'exiger la suppression de l'esclavage, ce qui lui vaut l'immédiate hostilité des colons qui se trouvent là, et aussi de quelques ecclésiastiques, qui semblent bien désobéir aux ordres répétés de Rome. Ainsi le doyen du chapitre, bravant les interdictions du nouvel évêque, donne la communion à des possesseurs d'esclaves.

Scandale public, foule rassemblée, cris hostiles, menaces précises. Las Casas, accusé de partialité et de fanatisme, doit céder et se retirer, en compagnie d'un autre dominicain nommé Ladrada, qui le suit partout. Les colons déclarent ses procédés insupportables. On l'accuse de mentir. On le traite publiquement de fou.

D'autres membres du clergé (soumis à quelles influences?) disent ne pas supporter qu'il prétende « dicter leur conduite aux autres évêques ». On annonce que l'immigration des Espagnols, s'il en est ainsi, va s'arrêter. Or, ils font vivre les nouveaux monastères installés là-bas. Que va devenir la foi sans les nécessaires deniers du culte?

Las Casas tient bon. Il obtient l'envoi d'un commissaire pour inspecter ce qui se passe dans son diocèse, d'où il a dû partir. Puis il y revient clandestinement, de nuit. Il soutient l'assaut d'une petite foule qui envahit le couvent et pénètre jusque dans sa cellule. Il leur parle avec force et réussit apparemment à les calmer, en mettant Dieu et le pape de son côté.

Ensuite il gagne Mexico, où se tient un congrès d'évêques, et enfin l'Espagne. Il s'installe dans le collège dominicain de San Gregorio, à Valladolid, non loin du Palais-Royal où vit la cour la plus riche du monde.

Le voilà donc, en 1550, à soixante-seize ans, infatigable et droit, l'œil vif, le visage évidemment creusé par une vie d'agitation intense, exposé à mille fièvres, la peau trouée d'insectes, survivant de quatorze traversées de l'Atlantique et de plusieurs naufrages. Il porte l'habit blanc et noir des dominicains. Il parle haut, il s'émeut facilement, il se déplace sans cesse.

Auprès de lui, un peu dur d'oreille, son vieux compagnon Ladrada et quelques dominicains plus jeunes. Sur une table, et à côté de cette table, sont disposées des piles de documents de toutes sortes, même des dessins en couleurs. Travail bien préparé. Toute une mémoire, toute une vie est là.

En face, derrière une autre table, et lui aussi bien secondé, se tient un docteur d'université au teint pâle, Sepúlveda. Il vient pour défendre son livre et en obtenir la publication. Il a moins de notes que Las Casas, mais ses arguments sont au point, bien formulés, bien acérés. Ils savent l'un et l'autre que la confrontation sera décisive et que les siècles ne l'oublieront pas. On prendra le temps qu'il faudra. Le sort du monde, dans le passé, s'est plusieurs fois décidé dans des disputes de ce genre.

D'un côté comme de l'autre il faudra tout dire, même ce qu'on ne dit jamais.

On peut les imaginer dans la salle capitulaire d'un couvent. En avant des stalles, une estrade a été dressée par les charpentiers. Sur cette estrade une troisième table, recouverte d'un tapis brodé du Sacré Cœur de Jésus, d'où s'écoulent quelques gouttes de sang.

Cette estrade est destinée au légat du pape, qu'on attend d'un instant à l'autre. L'assistance se compose d'une quarantaine d'hommes, presque tous des ecclésiastiques, qui sont déjà là et bavardent par petits groupes, à voix basse. Parmi eux, le supérieur du couvent, qui a tout organisé et souhaite que les choses se déroulent sans anicroche. C'est même son principal souci.

Un jeune moine au regard brillant se tient assis sur un tabouret, près d'une porte, le dos au mur. Ses mains sont dissimulées dans ses larges manches.

On entend sonner une cloche; le bruit d'un loquet.

La porte s'ouvre.

3

Le jeune moine se dresse. Un grand claquoir en bois verni jaillit de ses manches. Il le fait claquer, car il est là pour ça.

Dans la salle capitulaire tous s'immobilisent, se taisent et les regards vont vers la porte.

Un homme apparaît, qui est accueilli en silence, avec toutes les marques du respect. Petit de taille, l'œil apparemment débonnaire, il est un cardinal, représentant du pape. A Rome, quelques années plus tôt, il a connu Sepúlveda. On sait que la question des habitants des Indes l'intéresse, bien que jamais il n'ait traversé l'océan.

On sait aussi que, dans les domaines de la décision spirituelle, son pouvoir est considérable. Il est un ami de longue date du nouveau pape, qui lui fait pleine confiance. Son nom : Salvatore Roncieri. On le dit en Espagne depuis quelques semaines. Il a vu le roi à plusieurs reprises. Impossible de deviner de quel côté penche son sentiment.

Il est accompagné de deux assistants, prêtres de la curie romaine. Vêtus de noir, ils portent des documents dans des dossiers sombres.

Le premier regard du légat, quand il pénètre dans la salle, est pour le crucifix, accroché au mur. Il s'approche et baisse la tête devant l'image du divin supplicié. On le voit prier un moment à voix très basse et bien entendu tous l'imitent.

Après cette assez courte prière, il se retourne et regarde autour de lui. Tous s'inclinent, même le représentant du roi, le comte Pittaluga (pour abréger son nom), qui vient à son tour d'entrer dans la salle.

Le cardinal annonce qu'il va donner la bénédiction, au nom de Sa Sainteté le pape.

Autre coup de claquoir. Les assistants mettent genou à terre dans un grand bruit de robes, sauf le légat lui-même, qui trace dans l'air le signe de la croix.

— *In nomine patris, et filii, et spiritus sancti.*
— *Amen,* disent les autres, en une seule voix.

Ils se sont signés en même temps qu'il les bénissait. Tous ici partagent la même foi, tous connaissent les mêmes textes, le même rite. Le légat invoque l'Esprit saint, en le priant de descendre sur cette assemblée et d'y demeurer, car sa lumière y sera nécessaire.

Il commence une prière que tous connaissent par cœur et qu'ils reprennent ensemble — sauf le comte Pittaluga, lequel fait semblant de chanter. Il s'agit d'un psaume qui demande au Seigneur son assistance et jugement, en insistant sur la faiblesse humaine et l'erreur promise aux meilleurs esprits.

Une vague de latin emplit la grande salle gothique.

Quatre jours plus tôt, à Cádiz, deux hommes sont descendus d'une caravelle venant de Veracruz, au Mexique ; deux Espagnols au teint basané, aux visages ridés par le soleil, par le vent de la mer, et

41

marqués de plusieurs cicatrices. Ils s'appellent Ramón et Gustavo. Ils viennent d'une plaine agricole qui s'étend autour d'une petite ville nommée Puebla. Là-bas, c'est précisément par leur évêque qu'ils ont été informés de cette prochaine controverse. Ils savent que cette fois le roi et le pape sont d'accord pour que les conclusions de la dispute soient claires et très fermement appliquées.

Avec une vingtaine de leurs amis, ils ont réuni l'argent du voyage. Ils viennent en émissaires pour tenter de savoir ce qui va se dire et faire entendre, si possible, leur voix. Un voyage sommairement organisé, à demi clandestin. De Cádiz à Valladolid, des relais de chevaux ont été prévus, mais la caravelle a pris du retard (d'ailleurs on ne sait jamais, à deux semaines près, quand les navires rentrent au port), ils sont épuisés. Ils n'ont pu ni changer de linge ni se raser. A cheval le jour et la nuit.

Espagnols, ils ne rencontrent aucune difficulté pour pénétrer dans Valladolid. Dans le couvent, c'est un peu plus difficile. Quelques gardes ont été postés là, en raison même de la présence, à l'intérieur, d'un cardinal et d'un grand d'Espagne. Les deux cavaliers doivent utiliser le plus ancien moyen de persuasion, qui est l'argent. Une bourse aux sonorités métalliques passe très vivement de main à main et les barrières, comme séduites, s'ouvrent.

Introduits dans le couvent (à toutes fins utiles ils ont apporté une lettre de l'évêque de Puebla, un adversaire déclaré de Las Casas), ils s'adressent à un ou deux moines, glissent un mensonge et un peu d'argent, là encore. Non, non, ce n'est pas la peine de déranger le père supérieur. Un jour comme aujourd'hui, il doit être très occupé. Ils ne sont là qu'en observateurs, envoyés par l'évêque de Puebla (ils montrent la lettre), et s'ils arrivent au tout dernier moment, c'est à cause de cette maudite navigation. Dieu a inventé le vent, et le Diable a fait les tempêtes.

Ils ne demandent pas à pénétrer dans la salle capitulaire, loin de là, cela risquerait de déranger. Ce qu'ils voudraient, c'est pouvoir entendre tous les arguments, car l'affaire les intéresse, ils ont de la famille là-bas, et des domestiques qui comptent sur eux, et des plantations toutes récentes. Qu'ils n'aient pas fait, au moins, tout ce long voyage pour rien.

Les moines se laissent convaincre, après quelques conciliabules, et conduisent les deux hommes dans le dédale du couvent, à travers une galerie qui domine le cloître, puis dans des escaliers de plus en plus étroits, jusqu'à une sorte de niche aménagée près de l'orgue, où ils pourront se dissimuler et tout entendre, sinon voir.

Ils se mettent là, assis sur le sol, l'oreille tendue, à travers une mince ouverture en forme de trèfle, vers la grande salle d'où leur parvient le chant latin qui se poursuit et bientôt se termine.

Ils respirent un peu. L'un des deux hommes enlève une de ses bottes, qui lui fait mal. Son bas est déchiré. Son pied sent fort. L'autre ne semble pas le remarquer.

La prière est terminée. Les débats, sous l'œil très attentif de Dieu, vont commencer.

Le légat du pape se dirige vers l'estrade et commence à monter le long de l'escalier. Soudain, le bois d'une des marches cède sous son pied. Le légat trébuche. Il est retenu dans sa chute par le supérieur, qui se tenait juste derrière lui.

Ce n'est pas grave. Le légat l'indique d'un geste et va prendre sa place dominante, encadré par ses deux assesseurs.

Mais le supérieur est fâché, vexé. Voilà qui est de très mauvais augure. Dans la Rome antique, on eût annulé la dispute pour moins que ça.

Le supérieur va prendre sa place derrière le légat, auprès du comte Pittaluga. Au passage il demande à voix basse à un autre moine qui s'est occupé des travaux de menuiserie. Qu'on lui donne le nom du responsable. Est-ce quelqu'un du couvent ou de l'extérieur ? L'autre moine répond par un geste d'incertitude. Il ne sait pas, il se renseignera.

Coup de claquoir. Tous les assistants prennent place et s'asseyent. Le légat réfléchit un instant, le regard posé sur ses deux mains, devant lui.

Puis il commence :

— Mes chers frères, depuis que, par la grâce de Dieu, le royaume d'Espagne a découvert et conquis les Indes de l'Ouest, que certains appellent déjà le Nouveau Monde, nous avons vu s'élever un grand nombre de questions difficiles que rien, dans l'histoire, ne laissait prévoir. Une de ces questions, qui est de première importance, n'a jamais reçu de réponse claire et complète. C'est elle qui nous réunit ici.

Il marque un court silence et regarde autour de lui. Voilà un commencement clair et calme, qui va presque directement au fait — que tous connaissent.

— Ces terres nouvelles ont des habitants, qui ont été vaincus et soumis au nom du vrai Dieu. Cependant, depuis une vingtaine ou même une trentaine d'années, des rumeurs se sont répandues en Europe disant que les indigènes de Mexico et des îles de la Nouvelle Espagne ont été très injustement maltraités par les conquérants espagnols.

Le dominicain Las Casas hoche la tête à ces mots. Le légat remarque cette approbation, mais semble n'y attacher aucun sentiment particulier.

— Ces rumeurs, reprend-il, nous savons tous que les ennemis de l'Espagne les ont vivement exagérées.

C'est au tour de Sepúlveda d'approuver, d'un léger hochement de tête.

— Il a toujours été très difficile, continue le cardinal, de séparer les affaires publiques de l'exercice de la religion. Le corps et l'âme, qui forment par leur union notre personne, ont beaucoup de peine à se distinguer. Les intérêts de l'Église et ceux des États tantôt se mêlent, tantôt s'opposent. Comment soigner les âmes en négligeant les corps ? Comment rendre à Dieu ce qui est à Dieu, et à César ce qui est à César ? Nous savons tous que par la folie des princes, refusant de reconnaître le domaine précis de l'autorité divine, de longues guerres inutiles ont déchiré la Chrétienté. Aujourd'hui encore une hérésie affreuse jette les peuples d'Europe les uns contre les autres.

Encore un silence. Personne ne songe pour le moment à interrompre le cardinal, qui choisit avec soin ses mots.

— Ce qui a profondément troublé l'Église, depuis le début de la découverte, c'est que la rumeur hostile répandue par les Hollandais, par les Anglais, par les Français, persiste à dire que ces mauvais traitements s'exerceraient sur les indigènes au nom de notre sainte religion.

Il a quelque peu élevé la voix pour prononcer les derniers mots.

— Le saint-père s'en est vivement ému, et cela dès le commencement. A maintes reprises, il a manifesté sa compassion pour les populations des terres nouvelles, il a recommandé et même ordonné de les traiter avec clémence et compassion, il a reconnu en eux des êtres doués de raison, capables d'être amenés à la vraie foi. Mais les instructions, pourtant réitérées, des successeurs de saint Pierre n'ont pas été respectées. Pas plus d'ailleurs que les lois et règlements de la Couronne.

Il s'est légèrement retourné vers le comte Pittaluga, assis derrière lui ; mais le visage du représentant de Charles Quint reste impassible, et son visage indifférent, plutôt lointain.

Le cardinal Roncieri continue, s'adressant à tous :

— Aujourd'hui le saint-père m'a envoyé jusqu'à vous avec une mission précise : décider, avec votre aide, si ces indigènes sont des êtres humains achevés et véritables, des créatures de Dieu et nos frères dans la descendance d'Adam. Ou si au contraire, comme on l'a soutenu, ils sont des êtres d'une catégorie distincte, ou même les sujets de l'empire du Diable.

Il s'est tourné vers le docteur Sepúlveda, dont le visage est brièvement distendu par le passage d'un sourire.

— Je sais bien, dit le cardinal, que cette question fut déjà très abondamment débattue, et que le point de vue de Rome, fait de compréhension et de bonté, est connu de tous. Toutefois, des ombres subsistent, des points restent obscurs. La question se pose toujours, en particulier, de la légitimité des expéditions et des guerres. Nous sommes ici à l'initiative du roi pour tout éclaircir une bonne fois, pour écouter, aussi longuement que cela sera nécessaire, les raisons des uns et des autres, et pour prendre une décision. Cette décision, si je l'approuve, sera *ipso facto* confirmée par le saint-père et deviendra par conséquent irrévocable.

Là-haut, dans leur réduit, les deux cavaliers fatigués entendent l'essentiel. Ils comprennent trois mots sur quatre, mais ça leur suffit. Cette question, ils la connaissent.

Le légat raconte alors aussi brièvement que possible les divers épisodes de la longue querelle, depuis les premiers efforts de la reine Isabelle jusqu'à la bulle *Sublimis Deus*. Comme tous les participants sont au courant, il va vite. Simple rappel. Il insiste à chaque occasion sur les efforts de la papauté : c'est attendu.

Après cette énumération abrégée mais qui dure néanmoins plus d'une heure, il parle des deux personnages qui vont s'affronter et rappelle — en montrant un exemplaire de l'ouvrage de Sepúlveda, publié à Rome — que toute la question, et finalement (par raison de pure forme, personne n'est dupe) le seul motif de cette rencontre, concerne l'autorisation de publication qu'il faut accorder, ou refuser, au *Democrates alter*.

Après quoi il présente très brièvement les deux principaux protagonistes, Bartolomé de Las Casas d'abord, qui s'oppose à la publication de l'ouvrage et qui va devoir dire pourquoi, et le docteur Ginés de Sepúlveda, auteur du livre, qui défendra son œuvre. A remarquer que le cardinal Roncieri et Sepúlveda se connaissent. Ils se sont rencontrés à Rome quelques années auparavant. Personne ne peut dire si cette rencontre fut amicale.

Le cardinal déclare au reste de l'assistance :

— Si parmi vous quelqu'un désire parler, qu'il le fasse savoir en levant la main. Ainsi nous pourrons maintenir quelque bon ordre dans la controverse.

Controverse qui s'annonce vive, et il le sait. Le légat souhaite, à ce propos, que la grâce de Dieu les assiste tout au long, leur permettant de conserver pleine conscience et dignité.

Après quoi, il donne la parole à Las Casas.

L'ordre de parole est l'affaire du cardinal. Personne ne pouvait savoir qui commencerait. Aussi Las Casas, avant de parler, garde-t-il un instant le silence. Il réfléchit. Quand il parle, c'est pour dire d'une voix calme et assez basse :

— Je n'ai pas à me prononcer uniquement, je suppose, sur le livre qui nous est soumis. Ma position est connue. Je suis partisan de l'interdiction pure et simple. Ce livre est tendancieux, souvent menteur, en contradiction avec la doctrine de l'Église et terriblement dangereux pour les rapports entre les hommes.

— Attachons-nous, si vous le voulez bien, lui dit le légat, à la contradiction, que vous y décelez, avec la doctrine de l'Église.

— Éminence, il a été dit par Notre Seigneur Jésus-Christ : « Je suis la vérité et la vie. » Je vais m'efforcer de dire la vérité sur ceux à qui nous sommes en train d'enlever la vie.

Le ton vient subitement de changer. Las Casas montre clairement qu'il n'a pas l'intention de s'attarder dans le labyrinthe des considérations doctrinales. Des murmures surpris parcourent l'assistance. Le dominicain n'y attache pas une seconde d'importance.

— Je vais droit au fait, dit-il, car à chaque minute qui passe plusieurs dizaines de malheureux, là-bas, sont exterminés. Si nous avons une chance de leur venir en aide, il faut aller vite.

— Mais sans abréger la vérité, dit le légat.

Las Casas hoche la tête et, saisissant au bond le mot « vérité », qu'il a lui-même déjà prononcé deux fois, il reprend :

— Oui, c'est la vérité, nous sommes en train de les détruire. Depuis la découverte et la conquête des Indes, les Espagnols n'ont pas cessé d'asservir, de torturer et de massacrer les Indiens.

Il montre les piles de notes qui s'entassent autour de lui :

— Ce que j'ai à dire est si affreux que je ne sais par où commencer. Il y aurait de quoi remplir un énorme livre.

— Il paraît que vous y travaillez, dit le cardinal.

— Toute ma vie n'y suffira pas, Éminence. Il en faudrait cent comme moi.

— Dites-nous ce que vous savez. Parlez à votre aise.

— Depuis les tout premiers contacts, les Espagnols n'ont paru animés et poussés que par la terrible soif de l'or. C'est tout ce qu'ils réclamaient : De l'or ! De l'or ! Apportez-nous de l'or ! Au point qu'en certains endroits les habitants des terres nouvelles disaient : Mais qu'est-ce qu'ils font avec tout cet or ? Ils doivent le manger ! Tout est soumis à l'or, tout ! Comme s'il s'agissait d'un dieu nouveau ! Aussi les malheureux Indiens sont-ils traités depuis le début comme des animaux privés de raison.

Il saisit un de ses dossiers, semble vouloir l'ouvrir, puis le repose. Il va au hasard, pour commencer. Il préfère parler sans notes.

— Cortés, lors de la conquête, les marquait au visage de la lettre G, au fer rouge, pour indiquer qu'ils étaient esclaves de guerre. On a tenté d'abolir cette

49

atroce coutume, mais aujourd'hui encore, en certains endroits, on les marque du nom de leur propriétaire sur le front, sur les joues. Quand ils passent d'un propriétaire à l'autre, on les marque, encore et encore. Ces marques s'accumulent sur leurs visages, qui deviennent comme du vieux papier.

Il fait un geste et Ladrada saisit quelques dessins dans un dossier. Ces dessins, faits d'après nature, représentent des visages d'Indiens, marqués de plusieurs signes.

Ladrada se lève et va les présenter au cardinal, qui les examine sans commentaire et les fait passer à ses assesseurs. Premières pièces à conviction. Elles vont circuler à travers tous les bancs. Certains des assistants les examineront plus longuement que d'autres.

— Dès le début on les a jetés en masse dans des mines d'or et d'argent, et là ils meurent par milliers. Encore aujourd'hui. Une effroyable puanteur se dégage de ces mines, qui sont pires que l'enfer, noires et humides. Les puits sont survolés par des troupes d'oiseaux charognards si innombrables qu'ils masquent le soleil !

Las Casas s'anime peu à peu en parlant, tandis qu'en face de lui le professeur Sepúlveda reste calme et observateur, prenant de temps en temps une note rapide.

Le dominicain s'étend longuement sur les mines. Il cite des noms et des chiffres. Il saisit même un chapitre du livre qu'il prépare et en entreprend la lecture.

Tous l'écoutent pendant une demi-heure. A un certain point de la lecture, le légat lève doucement sa main droite et dit :

— Nous reviendrons le cas échéant sur cette description du travail dans les mines. Nous en sommes déjà informés. Nous avons reçu d'autres rapports, venant d'autres sources.

Des regards s'échangent. Personne ne peut dire de quels rapports, de quelles sources il est question. Favorables ? Défavorables ?

Sans préciser davantage, le légat passe à une autre chose :

— Vous parliez aussi de massacres ?

— Oui, Éminence. Le mot est très exact. C'est par millions qu'ils ont été assassinés.

Il a appuyé sur le mot « millions », ce qui provoque quelques réactions d'incrédulité et de nouveau ce mince sourire sur les lèvres de Sepúlveda.

Las Casas remarque ce sourire et s'adresse directement au philosophe :

— Oui, par millions ! Comme des bêtes à l'abattoir ! Et je n'y vois pas de quoi rire !

— Mais par quels procédés ? demande le légat.

— Quels procédés ?

— Par quelles méthodes, si vous préférez. Par quels moyens. Et aussi pour quelles raisons ?

— Oh, tout leur est bon. Mais le fer surtout, car la poudre est chère. Quelquefois on les embroche par groupes de treize, on les entoure de paille sèche et on y met le feu. D'autres fois on leur coupe les mains et on les lâche dans la forêt en leur disant : « Allez porter les lettres ! »

— Ce qui signifie ?

— Allez porter le message ! Allez montrer aux autres qui nous sommes !

— Je le déplore comme vous, dit le cardinal, mais il s'agit, vous le savez bien, de vieilles coutumes de guerre. Les Romains agissaient de même en conquérant la Gaule et les provinces danubiennes. Jules

César faisait couper une main aux prisonniers et les renvoyait chez eux dans cet état, pour servir de messages vivants. Nous sommes ici dans le territoire cruel de la guerre. Ne voyez pas dans ce que je dis une justification de ces actes.

— Je ne le prenais pas ainsi, Éminence.

— Très bien.

Le supérieur du monastère a levé la main. Le légat lui donne la parole d'un geste. Le supérieur demande à Las Casas :

— Et pourquoi par groupes de treize ?

— Vous ne devinez pas ?

— Non.

— Pour honorer le Christ et les douze apôtres !

Dans la salle, les murmures se font plus forts. Lorsque Las Casas parle en public, les esprits pondérés redoutent toujours un éclat. On sait qu'il a traversé des forêts dangereuses, tenu tête à des hommes armés, longuement nagé dans la mer.

Il reprend en élevant la voix :

— Oui, je vous dis la vérité. Le Seigneur a été « honoré » par toutes les horreurs humaines. Tout a été imaginé ! Quelquefois on saisit les enfants par les pieds et on leur fracasse le crâne contre les roches ! Ou bien on les met sur le gril, on les noie, on les jette à des chiens affamés qui les dévorent comme des porcs ! On fait des paris à qui ouvrira un ventre de femme d'un seul coup de couteau !

Les murmures s'enflent, au point que l'un des assesseurs du légat doit agiter une sonnette pour qu'ils s'effacent.

Après quoi le légat reprend la parole :

— Frère Bartolomé, je vous le répète, vous nous parlez de la triste misère de la guerre, qui est commune à tous les peuples, mais ici ce...

Las Casas se permet alors d'interrompre le cardinal.

— La guerre ? Quelle guerre ?

Il quitte sa table et s'avance. Son émotion devient très vive et très visible.

— Ces peuples ne nous faisaient pas la guerre ! Ils venaient à nous tout souriants, le visage gai, curieux de nous connaître, chargés de fruits et de présents ! Ils ne savaient même pas ce qu'est la guerre ! Et nous leur avons apporté la mort ! Au nom du Christ !

Plusieurs assistants se dressent, comme scandalisés. Parmi eux le supérieur, qui dit au légat :

— Éminence, n'est-ce pas là un blasphème ?

Toujours très attentif, le légat choisit pour le moment de calmer le jeu :

— La sainteté de ce lieu nous autorise à tout entendre. Et de toute manière nous ne pouvons rien cacher à Dieu.

Il adresse un geste conciliateur au dominicain, qui est resté debout devant lui. Et Las Casas n'hésite pas :

— Oui, tout ce que j'ai vu, je l'ai vu se faire au nom du Christ ! J'ai vu les Espagnols prendre la graisse d'Indiens vivants pour panser leurs propres blessures ! Vivants ! Je l'ai vu ! J'ai vu nos soldats leur couper le nez, les oreilles, la langue, les mains, les seins des femmes et les verges des hommes, oui, les tailler comme on taille un arbre ! Pour s'amuser ! Pour se distraire ! J'ai vu, à Cuba, dans un lieu qui s'appelle Caonao, une troupe d'Espagnols, dirigés par le capitaine Narvaez, faire halte dans le lit d'un torrent desséché. Là ils aiguisèrent leurs épées sur des pierres, puis ils s'avancèrent jusqu'à un village et se dirent : Tiens, et si on essayait le tranchant de nos armes ? Un premier Espagnol tira son épée, les autres en firent autant, et ils se mirent à éventrer, à l'aveuglette, les villageois qui étaient assis bien tranquilles ! Tous massacrés ! Le sang ruisselait de partout !

— Vous étiez présent ? demande le cardinal.

— J'étais leur aumônier, je courais comme un fou de tous côtés ! C'était un spectacle d'horreur et d'épouvante ! Et je l'ai vu ! Et Narvaez restait là, ne faisant rien, le visage froid. Comme s'il voyait couper des épis. Une autre fois j'ai vu un soldat, en riant, planter sa dague dans le flanc d'un enfant, et cet enfant allait de-ci de-là en tenant à deux mains ses entrailles qui s'échappaient !

Le docteur Sepúlveda se penche vers un de ses assistants et lui demande à voix basse de noter quelque chose.

Près de la porte, le jeune moine au claquoir semble avoir cessé de respirer.

Las Casas est revenu vers sa table. Ladrada lui tend plusieurs papiers, que le dominicain parcourt rapidement des yeux. Parmi tous les récits qui s'offrent à lui, il en choisit un. Il revient au centre de la salle et raconte :

— Une autre fois, Éminence, toujours à Cuba, on s'apprêtait à mettre à mort un de leurs chefs, un cacique, qui avait osé se rebeller, ou protester, et à le brûler vif. Un moine s'approcha de l'homme et lui parla un peu de notre foi. Il lui demanda s'il voulait aller au ciel, où sont la gloire et le repos éternels, au lieu de souffrir pour l'éternité en enfer. Le cacique lui dit : Est-ce que les chrétiens vont au ciel ? Oui, dit le moine, certains d'entre eux y vont. Alors, dit le cacique, je préfère aller en enfer pour ne pas me retrouver avec des hommes aussi cruels !

Il marque une pause et revient vers sa table. Cette fois, personne n'ose l'interrompre avant que le légat le fasse lui-même.

Tous les exemples qu'il cite, il les reprendra quelques années plus tard pour publier le plus célèbre de ses ouvrages, qui fera le tour de l'Europe, la *Très brève relation de la destruction des Indes*. Pour le moment, ils ne sont sur sa table que sous forme de notes ; des notes qu'il consulte à peine, si précise est sa connaissance des faits.

Il reprend sur un autre ton, très ému (ses mots ont de la peine à se former) :

— J'ai vu des cruautés si grandes qu'on n'oserait pas les imaginer. Aucune langue, aucun récit ne peut dire ce que j'ai vu.

Il prend un large mouchoir dans sa robe et se mouche.

— Je ne sais pas pourquoi j'essaie de vous parler. Les mots sont si faibles.

Le légat le regarde toujours très attentivement, sans l'interrompre, en homme qui a tout le temps.

Las Casas range son mouchoir.

— Éminence, dit-il, les chrétiens ont oublié toute crainte de Dieu. Ils ont oublié qui ils sont. Oui, des millions ! Je dis bien des millions ! A Cholula, au Mexique, et à Tapeaca, c'est toute la population qui fut égorgée ! Au cri de « saint Jacques ! ». Et par traîtrise ! En faisant venir d'abord les seigneurs de la ville et des environs, qu'ils enfermèrent au grand secret, pour qu'aucun d'eux ne pût répandre la nouvelle. Après quoi on convoqua cinq ou six mille hommes que les Espagnols avaient requis pour porter leur bagage. Ils arrivent, maigres et nus, soumis, pitoyables, on les fait asseoir par terre et soudain, sans aucune raison, les Espagnols se lancent sur eux et les assassinent, à coups de lance, à coups d'épée !

— Mais pour quelle raison ? demande le comte Pittaluga, qui n'a pas levé la main pour demander l'autorisation de parler.

— Sans aucune raison ! Ces hommes venaient pour les aider ! Le massacre dura trois jours. Trente mille morts ! Les Indiens survivants s'étaient réfugiés sous le tas de cadavres. A la fin, ils sortaient en rampant, couverts de sang. Ils pleuraient, demandaient la vie sauve ! Mais les Espagnols les exterminaient tandis qu'ils sortaient. Pas un seul ne resta vivant. Et il en fut de même pour les seigneurs qu'on avait enfermés. Tous brûlés vifs. Le capitaine espagnol chantait une chanson où il était question de Néron. Je ne me rappelle plus les paroles.

— Vous n'étiez pas à Cholula ? dit le légat.

— Non, je ne suis venu que plus tard. Mais plusieurs témoins m'ont tout raconté.

Un des assistants lève la main et demande :

— Comment un pareil massacre était-il possible ? Les autres ne se défendaient pas ?

— Ils étaient pris par surprise. Ils ne comprenaient pas qui nous étions, ni ce que nous voulions. Ils regardaient avec étonnement les Espagnols qui les frappaient. Et puis, vous le savez, ils n'avaient pas d'armes comme les nôtres. Ni de chevaux. Qui sait ? Peut-être pensaient-ils que cette mort qui les frappait, sans aucune raison humaine, n'était pas une mort réelle, n'était qu'une apparence de mort ? Qu'il s'agissait d'un jeu mystérieux et magique, apporté par des étrangers aux pouvoirs immenses, que ce sang

56

versé allait subitement revenir dans leurs veines, que les cadavres allaient se relever, marcher et rire ? Cholula, c'était au début. Ils ne nous voyaient pas encore tels que nous sommes. Leur premier, leur plus grand malheur fut de croire à notre parole.

4

Il parle encore pendant une heure; après quoi tout s'arrête pour le repas de la mi-journée, servi dans le réfectoire. L'après-midi le dominicain reprend la parole, il raconte encore — en lisant quelquefois des papiers — les massacres de la conquête. Il accumule des brutalités, des férocités extraordinaires. Il fait circuler des dessins.

Il va jusqu'à dire qu'en certains endroits les Espagnols se servaient du sang de ces hommes — et s'en servent sans doute encore — pour arroser leurs terres.

Là-haut, cachés, les deux cavaliers n'ont rien bu, rien mangé. Ils attendent le soir pour essayer de se montrer. Ils écoutent. Par moments, ils sommeillent.

Las Casas ne paraît à aucun moment fatigué, malgré son âge, et malgré la chaleur du mois d'août. Il réussit à ne pas glisser dans la monotonie de l'horreur — qui peut devenir ennuyeuse, surtout à l'heure de la sieste — et à maintenir un ton très vif. La plupart du temps il s'adresse au légat du pape, mais il lui arrive aussi de se détourner, de se déplacer, de parler aux autres membres de l'assemblée et de guetter les mouvements de leurs visages. Ce n'est pas sa première joute publique, et cela se voit. Mais à cette occasion (qui sera peut-être la dernière) il a décidé de tout dire, jusqu'au plus atroce :

— Les capitaines emmenaient de longs cortèges de ces hommes enchaînés, en expédition, et de temps en temps ils disaient aux soldats : « Coupez un morceau de la cuisse de ce drôle-là, et donnez-le aux chiens ! » Comme s'il s'agissait de quartiers de mouton ! Ils nourrissaient leurs chiens de chair indienne ! Et les Indiens aussi, d'ailleurs. Ça ne coûtait rien. Dans certains camps on voyait des étalages, des boucheries de chair humaine ! Des cuisses, des poitrines attachées à des poutres ! Oui ! Et des Espagnols en faisaient commerce !

Les murmures, malgré la chaleur assoupissante de l'après-midi, ont fait place par moments à des cris de protestation. La légende d'exagération, voire d'obsession macabre, qui entoure déjà le personnage du dominicain, revient à la mémoire des assistants. Certains l'estiment déjà dangereusement égaré sur le chemin de sa manie. Des Espagnols marchands de chair humaine ? Qui peut le croire ?

L'assesseur du légat agite la sonnette, mais Las Casas élève encore la voix pour dire :

— On a même raconté que des Espagnols en mangeaient !

Les cris se font plus forts. La sonnette s'énerve. Le légat se voit dans l'obligation de se lever, sans quitter sa table. Pour dominer les discussions particulières qui agitent une partie de l'assistance, il étend les bras.

Sans qu'il prononce une parole, le silence revient.

Il s'adresse à Las Casas avec une espèce de sévérité :

— Il est dans la nature humaine, frère Bartolomé, de raconter beaucoup et de réfléchir peu.

Tout le monde se tait. Que prépare le cardinal avec ce reproche ?

— En outre je ne suis pas sûr, ajoute-t-il, qu'en élevant la voix on se fasse mieux entendre. Les plus grandes vérités peuvent être dites dans un murmure.

— Pas celles-ci, dit le dominicain.

— Qui sait ? Celui qui crie veut étouffer la voix de l'autre, qui sans doute le gênerait.

— Je n'ai voulu faire taire personne. Mais tant de voix, par force, restent dans le silence.

— Je le sais bien. C'est pourquoi je vous ai laissé parler depuis ce matin. Comme tout le monde ici, j'ai remarqué votre émotion, que ne cachait pas votre véhémence. J'ai écouté de mon mieux ce récit brutal et sanglant. Nous pourrions en discuter longuement les termes. Je ne le permettrai pas. Car je dois maintenant vous rappeler que ce n'est pas cette question-là qui nous préoccupe.

Il laisse s'établir un court silence attentif, avant d'ajouter :

— Nous ne devons pas nous décider sur la cruauté des Espagnols, nous devons nous décider sur la nature et qualité de ces indigènes. Vous me comprenez ?

— Oui, je vous comprends.

— C'est pourquoi, si vous le voulez bien, je vous demande de clore ici le chapitre des abominations.

— Éminence, il y aurait encore tant à dire.

— C'est possible. Mais vous l'avez fait remarquer vous-même, nous devons parvenir aussi tôt que possible à une décision. Alors répondez-moi, vous qui les connaissez : comment sont-ils ?

Las Casas se retourne un instant vers Sepúlveda pour lui dire :

— Je suppose que nous n'allons plus retenir l'hypothèse de l'empire du Diable ?

— Elle est abandonnée depuis longtemps, répond le philosophe. Ainsi d'ailleurs que celle du paradis perdu.

— Je n'ai évoqué cette légende, dit le légat (qui peut-être s'est senti visé par l'allusion du dominicain) que pour mieux en montrer l'excès.

— Certains l'ont cru, pourtant, dit Las Casas. Ou feint de le croire.

— Je ne crois pas que le paradis soit quelque part sur cette terre, dit le légat, même si nous pouvons le regretter. Le paradis est très difficile à localiser. Il est partout et ne se trouve nulle part.

Quelques chuchotements flatteurs approuvent cette formule du cardinal, qui a la faiblesse (si c'en est une) d'aimer bien parler, et qu'on l'apprécie. On souhaiterait savoir quelle différence il établit entre « être » et « se trouver », et si la délocalisation du paradis (autre sujet de durables disputes) est aujourd'hui, aux yeux de Rome, un fait acquis. Mais le temps presse. Et puis la chose est claire : il n'aime guère les digressions.

— Quant à Satan, reprend-il, il n'a pas de frontière à ses États. Il serait trop facile d'y placer des bornes et des sentinelles. Satan lui aussi est partout. Et il est d'abord en nous-mêmes.

— Mais l'enfer, demande le supérieur, doit bien se trouver dans quelque endroit ?

— Possiblement, répond le légat, mais j'espère ne savoir jamais où.

Certains sourient, puisque le droit paraît leur en être donné.

Le cardinal Roncieri revient alors à Las Casas et lui demande :

— Alors ? Comment sont-ils ?

Las Casas tend la main vers Ladrada qui lui passe une feuille de papier. Las Casas la tient à bonne distance de ses yeux (il est presbyte) en lisant :

— Comme l'a dit Christophe Colomb lui-même, le premier qui les rencontra : « Je ne peux pas croire qu'il y ait au monde meilleurs hommes. »

— C'est-à-dire ?

— Ils sont beaux, Éminence, de belle allure. Tous les Espagnols l'ont remarqué. Ils sont pacifiques et doux, comme des brebis. Sans convoitise du bien d'autrui. Généreux, dépourvus d'artifice.

— Ils vous ont fait toujours bon accueil ?

— A moi et à tous les autres, toujours. Tout au moins au début, avant qu'ils aient pu connaître la véritable nature de ceux qui venaient vers eux. Mon père et mon oncle m'ont parlé d'eux, quand j'étais enfant. Et les mêmes mots revenaient : « Ils sont si gentils, si doux. »

— Vous, personnellement, ils vous ont toujours bien reçu ?

— Toujours. Je ne me rappelle aucune exception.

— Sans duplicité ? Sans traîtrise ?

— Avec la plus totale ingénuité. Ils sont incapables de mensonge. C'est pourquoi ils tombent dans tous les pièges. Je ne peux pas mieux dire : ils étaient vraiment comme l'image du paradis avant la faute. Même si nous savons que le paradis est perpétuellement ailleurs.

Un autre sourire furtif passe sur le visage du philosophe, tandis que le légat poursuit un interrogatoire qu'on devine systématique, bien préparé :

— Est-ce qu'ils vous paraissent intelligents ?

— A coup sûr ils le sont.

— De la même intelligence que nous ?

— Oui, sans aucun doute.

— Vous savez que cette question a été fort débattue.

— Je le sais.

— Si j'en crois de nombreux témoignages, autres que le vôtre, ils paraissent parfois très ignorants, ils sont naïfs, crédules, ils ont été impressionnés par des présages. L'empereur du Mexique a même voulu se donner la mort ?

— Moctezuma, oui, on l'a dit, je n'étais pas là.

— Pour quelle raison ? demande quelqu'un.

— Une antique croyance prédisait que leur plus grand héros, un homme-dieu nommé Quetzalcóatl, reviendrait un jour de l'Orient. Ce personnage, croient-ils, leur a tout appris autrefois, l'agriculture, l'écriture et les lois. Après quoi, mis en rivalité avec un autre demi-dieu, chassé par son peuple, il s'est embarqué sur l'océan, vers l'est, il a disparu. Et tous attendaient son retour, avec espoir et crainte. Cortés, un très habile capitaine...

Il s'adresse à Sepúlveda pour dire :

— ... qui a été votre ami, je crois ?

Sepúlveda hoche à peine la tête.

— Cortés a été informé de cette prophétie. Dès son arrivée. Il en a joué, au début. Il avait une femme auprès de lui qui le renseignait. Il a réussi à glisser le doute dans la tête des indigènes ; de certains d'entre eux, en tout cas. Ce qui explique peut-être en partie leur attitude lors de certains massacres, comme celui de Cholula, dont j'ai parlé. Mais leurs yeux se sont ouverts très vite. Ils ont rapidement compris que les Espagnols ne venaient pas du ciel. Quand Moctezuma vint à la rencontre de Cortés, la première fois, chargé de cadeaux magnifiques, il lui dit : « Je suis de chair et de sang comme vous. » De même pour les chevaux.

Un des moines, assez mal informé, demande :

— Quoi, les chevaux ?

— Vous savez bien, ils ne connaissaient pas cet animal, qui au début les a fort étonnés. Les Espagnols, menteurs en tout, ont fait leur possible pour les persuader que l'homme et le cheval n'étaient qu'un. Les cavaliers mangeaient et dormaient à cheval. Mais cette ruse non plus n'a pas tenu longtemps.

— Vous avez souvent dit qu'ils sont capables de sentiments chrétiens. Vous le maintenez ?

— Assurément. Depuis le début ils accueillent favorablement notre foi. Souvent elle leur plaît. Ils la comprennent. Mais quelle image leur en donnons-nous ? Que peuvent-ils penser d'un Dieu que les chrétiens, les chrétiens qui les exterminent, tiennent pour juste et bon ? Savez-vous ce qu'un homme m'a confié un jour ?

— Dites-nous.

— Il m'avoua : Oui, je me sens déjà un peu chrétien parce que je sais déjà mentir un peu.

Comme s'il s'agissait d'une attaque, assez provocante, contre la notion même de chrétien, murmures et petits cris reprennent dans la salle, accompagnés de nouveaux tintements de sonnette. Le supérieur, qui avait invité une dizaine de dominicains, lesquels par fraternité d'ordre soutiennent la parole de Las Casas, commence à se demander si des éléments hostiles, à son insu, n'auraient pas pris place dans l'assistance. Invités par qui ? Par la Couronne ? Par Sepúlveda lui-même ? Jusqu'où peut aller ce chahut ?

Le cardinal, qui de son côté ne paraît nullement s'émouvoir — même si les nécessaires coups de sonnette l'agacent un peu —, laisse l'émotion tomber d'elle-même et passe à la question suivante :

— Dites-moi maintenant, d'après ce que vous avez vu et ce qu'on vous a rapporté : comment ont-ils réagi aux atrocités dont vous nous parlez ?

— Éminence, je vous l'ai dit, leur naturel est si doux, et nous avons frappé si fort, qu'ils n'ont jamais trouvé la force de nous résister. Aussi pour les raisons que je vous ai dites, que vous savez. Alors ils sont allés vers le désespoir. Les mères ont tué leurs bébés pour qu'ils ne deviennent pas nos esclaves. Oui, on l'a vu. On a même vu grand nombre d'enfants naître morts, à cause de certaines herbes que leurs mères avaient prises. Vous rappelez-vous, Éminence, la forte parole de l'Ecclésiaste ?

— Laquelle ?

— Elle fut un choc pour moi quand par hasard, un jour, elle me tomba sous les yeux : « Le pain des pauvres, c'est leur vie. Celui qui les en prive est un meurtrier. » Je crois que cette parole a changé ma vie.

Le légat hoche la tête en silence. D'ailleurs, à ce moment-là, le silence est général. Las Casas vient de toucher une corde juste. Il y insiste :

— Eh bien ces pauvres créatures en sont venues à ne plus aimer la vie. D'ailleurs les hommes n'approchent plus de leurs femmes, pour ne pas avoir de descendants. En plus des maladies nouvelles les accablent, que nous leur avons apportées, et que souvent nous leur transmettons par le viol. Oui, ils ont perdu tout désir de vivre. On voit tout un peuple immense qui agonise au nom du Christ. Il n'en restera bientôt plus un seul.

Il a prononcé ces dernières phrases avec une émotion très marquée, au point que les mots se nouent

dans sa gorge. Impossible de mettre en doute sa sincérité.

Le légat lui pose encore quelques questions :

— Donc, selon vous, frère Bartolomé, ils sont des
créatures de Dieu ?

— Ils sont notre prochain.

— Ils sont les descendants d'Adam et d'Ève ?

— Ils le sont.

— Ils ont été rachetés par le sang du Christ ?

— Oui, Éminence. Tout comme nous. Ils sont
aussi bien que nous promis au dernier jugement, et de
même à la vie éternelle.

— Dans quelles conditions ?

— Je laisse aux casuistes d'en décider. Je n'en sais
rien. Mais ce paradis qui leur a été ravi sur cette terre,
je ne voudrais pas qu'ils en soient privés dans l'au-
delà.

5

Le légat du pape a passé la nuit dans un appartement spécialement aménagé pour lui. Il n'y a reçu personne. On a vu ses chandelles s'éteindre de bonne heure.

Le comte Pittaluga est sorti du couvent. Pour le moment, il loge dans le Palais-Royal, où une fête est donnée ce soir-là. Sans doute y a-t-il paru.

Les deux cavaliers, en fin de journée, ont réussi à se faufiler hors de la cachette et à redescendre sans être vus. A la cuisine, sans que le supérieur en soit prévenu, ils ont pu prendre quelque nourriture avant de s'écrouler dans une soupente, sur de la paille, pour y dormir pendant dix heures.

Sepúlveda et Las Casas, chacun de son côté, ont veillé tard. Ils savent que la dispute commence à peine. Las Casas a frappé fort, trop fort peut-être. Sans doute espérait-il convaincre d'emblée et abréger la controverse, s'appuyant sur ce que l'on sait de la position de l'Église. Mais le légat s'est montré pointilleux, insistant. Il n'a nullement montré qu'il penchait du côté du dominicain. Craignant que cette attitude cache quelque nouvelle et perfide tendance, née dans les corridors de Rome pour des raisons très politiques, Las Casas doute. Il craint d'avoir, comme un guerrier trop téméraire, émoussé ses meilleures armes. Que restera-t-il demain de la compassion qu'il a soulevée ? Comment maintenir son avantage ?

Les arguments de Sepúlveda, il les connaît, il a lu son livre. Mais comment le rusé philosophe, demain, va-t-il les présenter ? Par quel biais ? Selon quel plan dissimulé ?

Le jeune moine n'a presque pas dormi. Il a compté les sonneries des cloches. A l'époque où Cortés entrait dans Mexico, il n'était pas encore né.

Ils se retrouvent tous au matin du jour suivant, aux mêmes places, dans la même salle. Après les prières et invocations d'usage, le cardinal prend place et s'adresse à Sepúlveda :

— Professeur, désirez-vous intervenir maintenant ?

Sepúlveda se lève et répond avec courtoisie, d'une voix qu'on n'a entendue que deux ou trois fois, le jour précédent :

— S'il plaît à votre Éminence.

D'un geste, le cardinal lui fait signe qu'il peut prendre la parole. S'il le désire, la journée est à lui.

— Parlerai-je de mon livre ?

— Vous pouvez parler de votre livre, en sachant que nous le connaissons. Peut-être pouvez-vous nous en épargner la lecture. Ou bien vous pouvez choisir un tout autre point de départ, à condition de ne point quitter le sujet.

— Je rappelle à votre Éminence, et aux autres membres de l'assemblée, que je me contente de demander que ce livre soit autorisé de publication en Espagne.

68

— Nous le savons.

— Je ne demande la promulgation d'aucune loi particulière, d'aucun règlement, d'aucun décret, car cela n'est pas de ma compétence.

— Vous ne nierez pas cependant, lui dit le légat, que votre ouvrage, s'il est publié, peut exercer une influence déterminante sur ceux qui, justement, ont pour mission de promulguer des lois.

— Je laisse à votre Éminence cette appréciation, dit le philosophe. Je ne demande que la publication d'un livre. Que cette modeste étude puisse influer sur les décisions du royaume, ce n'est pas à moi d'en juger.

L'affaire s'est embarquée dans un dédale hypocrite et procédurier où le légat paraît vite s'ennuyer. Il dit à Sepúlveda de commencer par où il lui plaira, mais de commencer.

— Il m'a semblé, dit alors le philosophe, que mon adversaire, qui s'oppose à la publication de mon livre, s'est exprimé hier d'une manière très personnelle, comme s'il s'agissait pour lui, dirais-je, d'une affaire de famille, d'une question lui tenant fort à cœur.

Las Casas écoute et hoche légèrement la tête. Il n'a rien à redire à ça.

— A mon tour, frère Bartolomé, dit alors le docteur en s'adressant directement au moine, d'utiliser cette même méthode. Non pas en ce qui me concerne, car ma vie n'est faite que d'étude et de méditation. Elle n'a rien de pittoresque et de mouvementé comme la vôtre. Pour le dire en un mot, elle n'est pas intéressante. Je ne parlerai donc pas de moi.

Un très court silence, pendant lequel il paraît réfléchir, mais tous voient bien que cette pause est calculée.

— Je parlerai encore de vous, dit-il alors. Si Son Éminence me le permet, j'aimerais vous poser quelques questions. Elles s'appliquent, justement, à votre vie.

Consulté, le légat donne sa permission d'un geste. Le philosophe demande alors :

— Frère Bartolomé, n'avez-vous pas senti, très jeune, une attirance pour le Nouveau Monde ?

— C'est possible, répond Las Casas, quelque peu déconcerté par cette attaque *ad hominem,* là où il s'attendait à un préambule oratoire en bonne et due forme.

— A quel âge êtes-vous parti ?

— A dix-huit ans. Pourquoi ?

— N'avez-vous pas reçu là-bas des terres, que vous avez gérées ?

— Si. Assez bien, je crois.

— Par la suite, après votre ordination, n'avez-vous pas chanté là-bas votre première messe ?

— J'ai eu cet honneur, en effet.

— Vous aviez vingt-six ans ?

— Vingt-six ou vingt-sept, je ne sais plus.

— Qu'aviez-vous fait jusque-là ? En quelques mots.

— Je l'ai souvent dit, j'avais vécu dans l'insouciance de la jeunesse, j'étais un jeune colonisateur, j'administrais mes terres, je priais quelquefois. Mes yeux ne s'étaient pas encore ouverts au spectacle qui m'entourait.

— Comment l'expliquez-vous ?

— Je ne l'explique pas. Dieu, qui ne m'avait pas encore distingué, décida quelque jour de m'ouvrir les yeux. Je n'ai pas à lui demander ses raisons.

— Quelle en fut l'occasion ?

— C'était pour la fête de Pentecôte, quatre ou cinq ans après mon ordination. Je préparais mon sermon quand mes yeux se posèrent, par la grâce divine, sur un passage du livre saint.

— Quel passage ?

— J'ai déjà parlé du pain des pauvres. Laissez-moi vous lire deux phrases précises.

Las Casas tend la main vers Ladrada, qui cherche un peu confusément dans ses papiers avant de lui tendre une bible, où plusieurs pages sont marquées de signets.

Le dominicain prend le livre, l'ouvre, et lit quelques lignes :

— « Le Seigneur n'agrée pas ces offrandes injustes. Celui qui offre un sacrifice tiré de la substance du pauvre agit comme s'il sacrifiait un fils en présence de son père. » Ce fut, pour moi, je le répète, comme une arrivée de la lumière. Je me rappelai qu'un jour, quelques années plus tôt, un vieux dominicain avait refusé de me confesser parce que j'étais à ce moment-là possesseur d'esclaves. J'avais argumenté de manière frivole, sans voir l'importance de ce point-là. Le vieil homme me dit alors que la vérité a toujours de la peine à s'établir, qu'elle rencontre mille oppositions sur sa route, tandis que tout vient en aide au mensonge. Des années plus tard, ces paroles me revenaient en tête. Elles ne me lâchaient plus. Je me les disais à voix basse, plusieurs fois par jour.

— Aussi avez-vous décidé de prêcher contre les Espagnols ?

— De prêcher contre la brutalité et l'injustice. Il est vrai que le gouverneur me trouva monstrueux et tenta de me faire taire. Mais je le combattis, je crus que j'arriverais à le convaincre, je renonçai moi-même à mes Indiens, je leur rendis leur liberté native. Après quoi je me mis à parler, à dénoncer la tyrannie que je voyais partout, à dire que la possession d'Indiens constituait, sans l'ombre d'un doute, un péché mortel. Et je n'ai pas cessé de parler. Et je parle encore.

Sepúlveda hoche la tête, laissant s'éteindre d'elle-même cette voix insatiable, puis il demande :

— Plus tard, n'avez-vous pas tenté vous-même, à plusieurs reprises, de fonder une colonie ? De grouper des Espagnols et des Indiens, pour les faire travailler ensemble ?

— J'ai essayé. C'était à Cumana.

— Et ce territoire de la Vraie Paix ?

— Plus tard, au Guatemala.

Las Casas se tourne vers le cardinal et lui dit :

— Tous ces faits sont connus, Éminence. Depuis très longtemps, ma vie est publique. Pourquoi m'interroger encore ? Pourquoi m'obliger à me répéter ?

— Le professeur Sepúlveda a la parole, répond le cardinal. Il en fait ce qu'il veut.

— Chaque fois, demande alors le philosophe, si j'en crois vos déclarations, vous envisagiez une conquête pacifique ?

— Je déteste le mot « conquête ».

— Et pourquoi donc ?

— Il évoque pour moi des entrailles éparpillées, des terres volées, des militaires triomphants.

— Quel mot préférez-vous ?

— Évangélisation. Ou bien pénétration, installa-tion, civilisation, mise en valeur. Tout ce que vous voudrez, sauf conquête.

— Donc, vous envisagiez une pénétration pacifique ?

— Exclusivement menée par des religieux. Sans armes.

— N'est-il pas vrai qu'un échec sanglant s'ensuivit ?

— A Cumana, oui. Mes associés espagnols se sont révélés des loups enragés.

— N'est-il pas étrange, dit Sepúlveda, que la faute en revienne toujours aux Espagnols ?

— Que voulez-vous dire : « étrange » ?

— N'a-t-on pas dit de vous que vous ne voyez que le mal, lorsque vous racontez les actions de l'Espagne ?

— Ce n'est jamais le cas quand je parle des Maures.

— Je vous écoutais, je vous regardais, et une chose me devenait claire, que je soupçonnais d'après vos écrits. Votre allusion aux Maures me le confirme.

Les assistants, très soucieux de bien suivre le déroulement de la dispute, et d'en percevoir les finesses, remarquent la sinuosité de la démarche du docteur. Contrairement au dominicain, qui attaqua directement et fermement, le philosophe dissimule le cours même de sa pensée. Il avance par méandres. Il est presque impossible de prévoir sa prochaine attaque, sa prochaine feinte. Il n'a pas encore dévoilé le premier de ses arguments. Pour l'instant, il paraît ne s'intéresser qu'à la personnalité de son adversaire.

Il lui dit encore :

— Depuis le début, au contraire des musulmans, ces nouvelles peuplades vous ont fasciné et pourrait-on dire séduit. Pourquoi ? Je ne sais pas. Mais on voit bien que vous parlez avec excès.

— Je parle de ce que j'ai vu. L'excès est dans les faits, il n'est pas dans mes paroles.

— Cependant je ne vous apprendrai rien en vous disant que des voyageurs très raisonnables, et qui comme vous sont allés là-bas, et même plusieurs fois, ont rapporté des souvenirs tout à fait opposés aux vôtres.

— Il y a des menteurs partout. Dois-je vous l'apprendre ?

— Il est un peu facile de traiter l'autre de menteur. Je considérerai ceci comme une insulte, et non pas comme un argument.

Sepúlveda regarde autour de lui et voit qu'il vient de marquer un point. Des hochements de tête l'encouragent. Habitué à parler en public, il sait que la bonne conduite d'une argumentation est indispensable. Ces sortes de joutes permettent à l'esprit le plus excellent des exercices. Mais la rigueur est nécessaire. Toute approximation, toute faiblesse même passagère dans la pensée, toute confusion même légère risque de faire perdre la partie. Une vigilance de langue, à chaque seconde, est indispensable.

Las Casas a compris qu'il vient de trébucher. Comme l'autre, il est très sensible aux réactions de l'assistance. Aussi reprend-il l'initiative :

— J'ai été moi-même un menteur, dit-il. Je me suis menti à moi-même, et je sais bien de quoi je parle. On peut être menteur sans le savoir, simplement en ne parlant pas. C'est le cas de la plupart des hommes, qui voient pourtant, et qui ne disent rien.

— D'autres disent beaucoup, qui n'ont rien vu.

— C'est vrai. Et c'est aussi mentir. Mais si vous me visez, par cette phrase, vous vous trompez de cible. Je dis beaucoup parce que j'ai vu beaucoup. A partir de ce jour de Pentecôte, soudain j'ai vu. J'ai vu tout ce que jusqu'alors je me cachais. Car nous sommes tous ainsi, chaque jour persuadés et presque obscurément forcés de mentir, par les obligations de la vie mondaine, par notre nature aveuglée, jusqu'au jour où, ce voile qui nous recouvre, nous le sentons brutalement insupportable et Dieu nous aide à l'enlever. Vous êtes un philosophe, à ce qu'on dit. Vous savez bien de quoi je parle.

— Cependant, dit le philosophe, certains de ces témoins, qui ont vu les mêmes choses que vous, et qui ont bonne réputation même si parfois ils s'illusionnent, disent avec regret, quand ils parlent de vous, que par moments vous perdiez votre tête.

Vivement touché, Las Casas s'adresse au légat :

— Si j'ai perdu la tête, Éminence, pourquoi m'a-t-on appelé ici ? Pourquoi mes frères les dominicains m'accueillent-ils dans leur collège ? Pourquoi me confient-ils leurs livres ? Pourquoi sollicite-t-on mon avis ? Pourquoi le roi demande-t-il à m'écouter ? Qu'est-ce que je fais parmi vous, si je suis fou ?

Sepúlveda lève la main, comme pour dire : Je n'ai jamais voulu parler de folie (ce qu'il a fait, pourtant). Le cardinal, interpellé par Las Casas, lui demande de se calmer et le rassure :

— Personne ici ne vous tient pour un fou. A ma connaissance, en tout cas.

— C'est évident, reprend Sepúlveda. Mais le propre de l'erreur est de se prendre pour la vérité, nous le savons tous.

— Voilà très exactement ce que je disais, lui répond La Casas.

— Ce qui ne signifie pas, reprend aussitôt Sepúlveda, que toute vérité proclamée soit suspecte. Ce qui me paraît très visible dans votre cas, frère Bartolomé, et je sais que je ne suis pas le seul à le penser, c'est que quelque chose, en vous, et à votre insu, s'est comme voilé, brouillé et a finalement dévié de la vérité.

— En quel sens ?

— Ces Indiens, dont vous parlez sans cesse, vous avez été aveuglé sur leur véritable nature.

— Par exemple ?

— Vous dites avec insistance qu'ils sont doux comme des brebis. Cet animal revient obstinément sous votre plume et votre langue. Mais s'ils sont comme des brebis, alors ils ne sont pas des hommes ! Qui peut dire que l'homme est doux ?

— Mais le Christ le dit ! Il ne cesse de le dire ! Si on vous frappe, tendez l'autre joue ! Soyez des hommes doux !

— Oui, mais il dit aussi : « Je ne suis pas venu apporter la paix, mais l'épée ! » Le Christ aime ce combat ! Il aime cette conquête ! Sinon, croyez-vous qu'il aurait permis ce nouveau massacre des innocents ?

La discussion s'arrête soudain. Voilà donc le philosophe qui vient de lancer son premier argument réel. Las Casas l'attendait, mais il ne savait pas s'il viendrait en premier (car il connaît aussi les autres). Voici donc surgir le spectre de la juste guerre, la guerre aimée de Dieu.

Au lieu de s'opposer brutalement à ce qui, au fond de lui-même, le scandalise et l'épouvante, Las Casas préfère feindre, et répondre à une question par une question :

— Et pourquoi donc l'a-t-il permis, à votre avis ?

— Je vais vous le dire.

Le philosophe fait rapidement glisser entre ses doigts quelques pages de notes. Son argumentation commence. Il met de l'ordre dans sa pensée, à l'aide de dix secondes de silence, puis il dit :

— D'abord les Indiens méritent leur sort parce que leurs péchés et leur idolâtrie sont une offense constante à Dieu. Et il en est ainsi de tous les idolâtres. Leur attitude lui répugne. Sans doute a-t-il tenté à plusieurs reprises, dans son infinie bonté, de les éclairer, de les ramener sur le bon chemin. Cependant, ils ont persisté dans le crime. Aussi, en fin de compte, a-t-il décidé de les punir. Et les Espagnols sont le bras de Dieu dans cette guerre, comme ils l'ont été contre les Maures.

Dans l'assistance, on voit se hocher plusieurs têtes. Il ne fait pas de doute que le raisonnement de Sepúlveda, dans une assemblée aussi pieuse, ne parvienne à convaincre certains, ou à les confirmer dans une conviction commode. Il est toujours très rassurant — pour la conscience en tout cas — de mettre Dieu de son côté, et qu'il partage la victoire.

— Mais de quels péchés parlez-vous ? demande le dominicain. De quels crimes ? Et pourquoi Dieu, à qui tout est possible, aurait-il échoué dans son entreprise de les convaincre ? Pourquoi ne leur a-t-il pas envoyé son fils ? Qui est brouillé, ici ? Qui est aveugle ?

Au lieu de répondre (d'ailleurs, s'agissait-il d'une question ?), Sepúlveda lance une autre attaque, indirecte et inattendue. Il demande à Las Casas :

— Je vous pose une question : ce jeune garçon dont vous avez parlé, à qui un soldat perça le ventre et qui tenait ses entrailles à la main, vous l'avez vu ?

— De mes yeux vu.

— Et qu'avez-vous fait dans cette occasion ?

Assez désarçonné, Las Casas répond sincèrement :

— Je l'ai rattrapé, je lui ai vite parlé de Dieu, du Christ, comme je pouvais, je l'ai baptisé, il est mort dans mes bras.

— Le salut de son âme vous a donc paru important ?

— Évidemment. Je ne pouvais rien sauver d'autre.

Las Casas ne voit pas encore très clairement où le philosophe veut en venir. Celui-ci s'adresse maintenant au légat, comme pour marquer un point au passage, un avantage.

— Éminence, je retiendrai d'abord ce point-là. Le salut de l'âme.

— Vous supposez donc qu'ils en ont une ? demande le légat.

Cette question renverse aussitôt la situation. En la posant, il semblerait même que le cardinal se mette au secours de Las Casas, qu'il sentait en difficulté. Mais rien n'apparaît sur son visage, toujours attentif, concentré.

Sepúlveda a brièvement retenu son souffle. Son habile offensive vient de se briser sur une question gênante. Il importe avant tout de ne rien laisser voir de cette gêne.

Très vite ressaisi, il répond au cardinal, déviant l'attaque :

— Je reviendrai naturellement sur ce point, car la question de l'âme est au centre de mon discours, comme vous le pensez sans doute. Auparavant, il me faut rappeler un certain nombre de faits que l'émotion de mon adversaire a pu masquer.

— Nous vous écoutons.

Il ne faudrait pas penser que le cardinal s'est laissé prendre à l'esquive de Sepúlveda. Il sait parfaitement qu'une réponse différée, même élégamment, dissimule un réel embarras. Mais il ne tient pas à le souligner. S'il le note, c'est secrètement.

— Je pose d'abord la question générale, dit alors le philosophe.

Tous — et d'abord le dominicain qui lui fait face — fixent leur attention sur lui. A ce moment-là, plusieurs départs lui sont possibles. Lequel va-t-il choisir ? Ses auditeurs sont aussi fascinés par la forme qu'il va donner à ses arguments que par le sens même qu'on y trouvera.

Voici donc la question qu'ils attendent :

— N'est-il pas établi, n'est-il pas parfaitement certain que tous les peuples de la terre, sans exception, ont été créés pour être chrétiens un jour ?

Les murmures qui courent dans les stalles sont tous d'approbation, et Las Casas lui-même hoche la tête.

— Oui, cette vérité est établie, répond le légat.

— Et n'est-il pas certain que nous devons tout faire pour les mener à la vraie foi ?

— Cela ne peut pas se discuter.

Un accord général se fait là-dessus. Sans surprise, d'ailleurs. La première bulle pontificale, celle d'Alexandre VI (un Borgia, d'ailleurs, d'origine espagnole), reconnaissait déjà le droit et le devoir, pour les conquérants des terres nouvelles, d'évangéliser les indigènes. Pour leur plus grand bien, cela s'entend, car la religion chrétienne, dans l'esprit de tous les présents, est le plus haut bienfait qu'on puisse apporter à chacun des peuples. Rien ne peut s'y comparer dans l'histoire éphémère du monde, puisque l'adhésion sincère à la vraie foi, et aux usages qu'elle impose, assure un bonheur éternel.

Sepúlveda insiste. Il veut sceller solidement ce point.

— Tous les êtres humains, dit-il, sont prédestinés à être chrétiens un jour. Tous les êtres humains, je dis bien, quels qu'ils soient, quels que soient leur origine et leur degré de qualité, même les ignorants, même les barbares. Nous ne pouvons pas mettre en doute cette parole.

— C'est en effet hors de question, dit le cardinal.

— Tous les êtres humains ont en eux comme une étincelle de christianisme. Ils font tous partie du corps mystique du Christ, car la religion chrétienne est une voie universelle.

— Elle est la seule voie, dit le cardinal.

— La miséricorde divine, même s'ils l'ont souvent rejetée, a été accordée à tous les peuples pour qu'ils renoncent à l'infidélité. N'est-ce pas vrai?

— C'est véritablement vrai, dit le légat.

Il se détourne aussitôt vers un moine franciscain qui se trouve là, un homme maigre, à la large tonsure, d'une quarantaine d'années, et ajoute:

— Nos frères franciscains soutiennent même que le règne de Dieu sur la terre est proche, que le bonheur céleste va bientôt se manifester. N'est-ce pas ce que vous pensez, frère Pablo?

Interpellé, le franciscain se lève. Le cardinal demande à un de ses assesseurs de le présenter rapidement à ceux qui ne le connaissent pas. Frère Pablo est de la région de Madrid. Il a vécu plus de dix ans dans les terres nouvelles, plus particulièrement à Mexico. C'est à la demande expresse du légat qu'il a traversé l'océan pour participer à la controverse.

Il n'a pas encore quarante ans.

6

Voilà donc un nouveau personnage, très soudainement introduit, et que tous regardent. Franciscain, il
porte la plus pauvre des robes. Son visage montre
encore la trace du hâle marin. Tous savent que les
franciscains, les plus désintéressés des prédicateurs,
se sont portés volontaires dès le début pour répandre
là-bas la parole du Christ — et que certains sont morts
à la tâche. On sait aussi qu'en général ils ont de bons
rapports avec les indigènes, qu'ils répugnent à
l'oppression. Depuis l'origine, par le culte qu'ils
manifestent pour la pauvreté, pour la simplicité, les
franciscains apportent une couleur particulière au
bouquet de l'Église, une couleur presque choquante,
presque provocatrice, à la limite — dans certains cas
— de l'hérésie.

On sait par exemple qu'ils s'intéressent aux coutumes indiennes, que certains d'entre eux vont jusqu'à
recueillir leurs traditions, leurs absurdes croyances et
jusqu'au détail de leurs vêtements.

Le frère Pablo est-il un de ceux-là? Las Casas qui
ne le connaît pas, mais qui a remarqué sa présence la
veille, se le demande. Pour le moment il n'est question que de la venue du règne de Dieu.

Le frère Pablo s'est levé. D'une voix tranquille, il répond au cardinal :

— Oui Éminence, nous le pensons.

Le cardinal, tout satisfait de montrer quelques-unes de ses connaissances, rappelle alors à l'assistance que quatre siècles plus tôt un abbé cistercien, nommé Joachim de Flore, prophétisa la venue prochaine du *millenium,* du règne suprême, annonçant que le Christ lui-même paraîtrait sur la Terre enveloppé de sa lumière. Assez nombreux sont les franciscains qui se rallient à cette espérance.

— Ce bonheur céleste, est-il pour bientôt ? demande le prélat.

— Sans doute. Dieu ne saurait tarder maintenant à manifester sa puissance.

— Il va donc établir son règne ?

— Oui.

— Bientôt ?

— Dès que les derniers infidèles seront convertis. Nous en sommes très convaincus. Notre victoire sur les Maures fut une première preuve de la bonne grâce de Dieu. La facilité avec laquelle les nouvelles terres ont été conquises est un autre signe, très clair. Dieu a décidé de poser sa main sur la Terre.

Las Casas, qui paraît très agacé, l'interrompt :

— Vous connaissez les intentions de Dieu ?

— Nous les devinons, peut-être.

— En tout cas, vous vous faites aisément son porte-parole. Mais comment les Indiens pourraient-ils croire que nous agissons au nom de Dieu ? Partout ils nous appellent « yarès », ce qui signifie « démons ». Pour eux, c'est nous qui venons de l'enfer et qui avons le Diable pour maître !

— Vous le croyez ? demande le cardinal.

— Pardon, Éminence ?

— Ce que vous venez de dire, vous le croyez ?

— Les Indiens le croient. C'est ce que j'ai dit.

— Mais vous ? C'est votre avis qui m'intéresse. Frère Bartolomé, vous croyez très sincèrement que les Espagnols sont des démons ?

Question dangereuse. Personne n'oublie que le Saint-Siège accorda naguère à l'Espagne le droit d'occuper une partie des nouveaux territoires (une autre part revenant aux Portugais) pour y apporter la vraie religion. Rome, c'est l'évidence, ne peut avoir confié cette mission à des personnages diaboliques. Inconcevable.

Las Casas, bien entendu, pressent le piège. Mais il se dit aussi qu'une réponse tiède marquerait un recul de sa part et que Sepúlveda, tout aussitôt, mettrait à profit cette tentation de retraite. Aussi, après une courte réflexion, choisit-il une réponse forte. Il sait très bien qu'elle va surprendre et choquer :

— Éminence, sur ces terres lointaines quelque chose de démoniaque s'est emparé des conquérants. Ils sont devenus des démons, oui, je le crois.

— Ils sont devenus des démons ? demande le cardinal, dominant les murmures attendus.

— Éminence, lorsque les Maures nous envahissaient et nous pillaient, ne disions-nous pas qu'ils étaient les agents du Diable ?

— Nous le disions à juste titre. Ainsi des Turcs.

— Et pourtant je vous l'affirme, je vous l'assure, les guerres que nous menons là-bas sont pires que celles que les Turcs et les Maures ont menées contre les chrétiens.

— Vous en concluez donc que les soldats espagnols sont eux aussi envoyés par le Diable ?

— Je dis qu'ils sont devenus des démons. Dès qu'ils ont posé le pied sur ces terres. Dès qu'ils ont vu de l'or. Dès qu'on leur a donné des esclaves. Oui, le Diable est entré en eux. Si bien que la foi que j'apporte apparaît comme travestie, comme déformée. Car quel rapport a l'Évangile avec les bombardes ?

Personne ne se risque à répondre. Sepúlveda prend rapidement quelques notes. Cette joute particulière, à l'intérieur de la grande controverse, oppose Las Casas au cardinal. Il laisse faire. L'étude lui a appris la patience.

— Comment puis-je prêcher ? demande Las Casas. Comment puis-je parler de douceur et de charité ? Et de l'amour qu'a Dieu pour tous les hommes ? Comment évoquer la mansuétude de Marie ? Comment raconter, par exemple, la parabole du Bon Samaritain ? Comment apporter la consolation de la vie éternelle à ceux que nous privons de la vie présente ? Qui peut me répondre ici ? Nous faisons en réalité très précisément le contraire : à cause du sang qui nous accompagne, nous contrecarrons le dessein de Dieu !

Suit un silence. Les plumes courent sur le papier des scribes. Chacun se rappelle sans doute telle ou telle parole du Christ.

Le légat relance la dispute avec cette phrase :

— Puisque vous dites que les indigènes sont nos semblables, ils sont donc aussi des démons ?

Las Casas paraît surpris, non par l'argument lui-même, mais par le fait qu'il lui soit adressé à ce moment-là et sous cette forme. Habitué à une stricte obéissance à la logique du raisonnement — même si, assez souvent, il s'en échappe lui-même, n'en connaissant pas tous les mécanismes —, il remarque une faille, une étrangeté. On dirait un musicien décelant une fausse note grossière dans le jeu d'un virtuose connu.

— Éminence, dit-il, pardonnez-moi, je ne peux pas recevoir cet argument. Il me paraît mal articulé.

Avec une pointe d'agacement — mais peut-être est-ce là aussi une feinte, peut-être le prélat n'a-t-il parlé de cette manière que pour venir secrètement en aide à Las Casas —, le cardinal répond :

— Eh bien, redressez-le.

— De part et d'autre ils sont des hommes. Les mêmes hommes. Mais la soif de l'or et de la conquête transforme les nôtres en démons.

— Les nôtres seulement ?

— Oui, Éminence. Les autres n'étaient poussés par aucun désir que celui de nous recevoir. Aucune passion de gain ou de possession ne les agitait.

Le cardinal hoche la tête, choisit de ne pas insister et se tourne vers Sepúlveda :

— Continuez, professeur.

Le professeur remercie d'un mouvement de la main et reprend son discours à l'endroit même où il l'avait laissé :

— Tous les peuples de la terre sont donc destinés à être chrétiens. A être touchés, un jour ou l'autre, par la parole du Christ. Le monde est ainsi fait, depuis l'origine des temps. Or, voici que nous découvrons une population inconnue qui n'a jamais entendu parler de Notre Seigneur, de la Rédemption, de la Croix !

Las Casas ne le laisse pas poursuivre. Il veut le couper, il veut lui dire — ce qu'il croyait avec sincérité, comme beaucoup d'autres — que les nouvelles terres ont été visitées par les apôtres, que la parole du Christ y a été prêchée comme « à toutes les nations », qu'on a trouvé ici et là des traces de cette prédication, et même des croix.

Il le pense vraiment, car sinon comment admettre un continent tout oublié de Dieu ? Comment admettre que la bonne nouvelle n'ait pas été annoncée à tous les hommes ? Obstinément, dans le Nouveau Monde, depuis les premiers pas de Colomb et de ses compagnons, les missionnaires espagnols ont cherché des preuves du passage d'un des apôtres.

Maigres vestiges, en vérité. On le sait déjà. Si l'Évangile fut un jour prêché sur ces terres, force est de reconnaître qu'il y apparaît très oublié.

Pour la première fois depuis le début de la controverse, Sepúlveda hausse soudain la voix. Il tape même la table avec sa main. Voilà un argument qu'il refuse d'admettre, et même d'écouter. A son tour d'interrompre le moine-évêque :

— Non ! Rien de sérieux ! Et vous le savez ! Vous vous êtes vainement efforcé de prouver que ce continent avait été visité par un des apôtres ! C'est faux ! Jamais la parole du Christ n'a été portée sur ces terres ! Ce qui signifie quoi ?

Las Casas veut parler, mais le cardinal le fait taire d'un geste sec. Il sent venir un beau mouvement oratoire, qu'il serait dommage de tronçonner.

Encouragé, Sepúlveda poursuit :

— Cela signifie et ne peut signifier qu'une chose : qu'il ne s'agit pas de créatures reconnues par Dieu ! Qu'elles sont étrangères au salut ! Et je vais le prouver. D'abord, comme on l'a dit, par l'extrême facilité de l'action : trois cents hommes venus d'Espagne soumettent un empire fort de vingt millions d'habitants, et on n'y verrait pas la main de Dieu ? Aucun exploit, dans aucun temps, n'a pu se comparer à cette conquête! Même la maladie était de notre côté! L'épidémie de petite vérole fut le travail de Dieu pour éclaircir la route. Les idolâtres mouraient comme des punaises, car Dieu désirait les éliminer. Aujourd'hui, cette désaffection se manifeste encore. Forcés de démolir leurs temples, à Mexico, ils tombent chaque jour nombreux, broyés sous les pierres : comment ne pas y voir une punition divine? De même pour les mines! Je sais bien que cela peut parfois ressembler à de la cruauté humaine, et je ne dis pas, naturellement, que cette cruauté ne s'est pas quelquefois exercée, mais comment expliquer, depuis le début, que les indigènes obéissent si facilement aux Espagnols? Comment expliquer qu'ils ne se révoltent pas contre leurs nouveaux maîtres? Qu'ils choisissent le plus souvent de se soumettre et parfois de se suicider sans combattre?

Il s'adresse directement au dominicain :

— Vous disiez qu'ils ont perdu le goût de la vie et que leurs enfants naissent déjà morts. Vous parlez de certaines herbes que les femmes auraient avalées. Vous y voyez des signes de découragement humain. Mais n'est-ce pas plutôt la preuve lumineuse de la condamnation divine? Ne sont-ils pas pliés par la main de Dieu et comme déjà jetés dans l'enfer?

Le supérieur du couvent lève la main, montrant qu'il veut prendre la parole, mais le cardinal ne le remarque pas. Il fixe toute son attention sur le philosophe, qui s'est considérablement animé et qui s'adresse, le doigt tendu, à Las Casas devenu pâle :

— Jamais, et vous le savez, jamais vous n'avez pu expliquer convenablement l'absence du Christ sur ces terres! Jamais! Vous avez cherché mille détours, vous avez mis en doute la parole du fils de Dieu, vous êtes allé jusqu'à mentir ! Oui, jusqu'à mentir, jusqu'à falsifier des vestiges, en vrai charlatan, car certains de vos amis n'ont pas hésité à fabriquer de fausses croix, avec du vieux bois, pour faire croire à d'anciens passages des apôtres ! Eh bien, cette explication, je vous la donne aujourd'hui. Et elle est très simple, comme toute vérité. Mais vous devez élever vos yeux de la terre et les ouvrir à la lumière divine, qui permet de voir l'évidence et le sens des choses, hors des ténèbres où nous vivons. L'histoire des hommes est menée par Dieu. Personne n'en doute. Sachons deviner sa main invisible quand elle s'exerce. Ici, le sens est clair : ces créatures à l'apparence humaine ne font pas partie du peuple de Dieu. Elles ne sont pas comprises dans la vision universelle. Elles sont exclues de la promesse et la bonne nouvelle n'est pas dite pour ces sauvages. C'est une vérité sans ombre, qui explique tout. Celui qui refuse de la voir, il se rend aveugle lui-même.

L'un des assesseurs du légat le prévient à voix basse : le supérieur tient toujours sa main levée, malgré l'ampleur de la tirade.

Le cardinal lui accorde la parole d'un geste.

— Au chapitre des caractères démoniaques, dit le supérieur, qui s'adresse à Sepúlveda (et sa phrase tombe mal, hors du mouvement, comme un propos gardé depuis longtemps), ne dit-on pas aussi que dans les mines ils meurent victimes de leur libertinage ? De leurs pratiques sodomites ?

Las Casas ne peut plus se contenir. Il se dresse de nouveau et s'écrie :

— Mais qu'est-ce que j'entends ? Leur libertinage ? Dans les mines ? Mais je dors ou je suis éveillé ?

— Frère Bartolomé...

— Mais je croyais que nous en avions fini avec toutes ces fables affreuses ! Des fables que je connais encore mieux que vous ! Car on me les a servies à mille occasions ! Qu'ils avaient construit des mosquées en l'honneur de Satan ! Qu'ils y adoraient des phallus dressés, comme les païens ! Qu'ils étaient incestueux et de grands sodomites, oui, ça on l'a dit souvent, qu'ils se couchaient, levaient les jambes en l'air et se faisaient introduire du vin dans le cul par une canule !

Certains des assistants échangent des regards, se demandant si Monseigneur (car après tout il s'agit d'un évêque) n'y va pas cette fois d'une langue un peu forte. Ils interrogent le cardinal des yeux, pensant qu'il va peut-être intervenir encore, mais cette fois il laisse aller, il laisse dire.

Et Las Casas dit :

— Alors que la pédérastie, chez les Aztèques, était très gravement punie ! Punie de mort, souvent ! Et n'a-t-on pas dit aussi qu'on voyait chez eux plus de femmes que d'hommes, ce qui est paraît-il un signe de barbarie ? Pourquoi ? La femme serait-elle à ce point démoniaque ? Et les mines ? Du libertinage dans les mines ! Éminence, si vous aviez visité même rapidement un de ces cloaques, un de ces charniers, pas un instant vous n'auriez imaginé qu'une posture sexuelle, quelle qu'elle soit, y était possible ! Ce sont des trous dans la terre chaude. On vous y jette pour y travailler sans relâche jusqu'à la mort. C'est à peu près tout. Vous descendez vivant, vous remontez cadavre. Et on vient me parler de libertinage ! Éminence, que dois-je faire ? Est-ce que je dois rire ou pleurer ? Qu'on me le dise !

— Taisez-vous maintenant, frère Bartolomé.

— Me taire ? Mais je ne peux pas !

Renonçant à voir le signe que le cardinal adresse à Sepúlveda, pour lui indiquer de reprendre, Las Casas fait même quelques pas en avant. Et c'est au philosophe qu'il parle :

— Vous prétendez reconnaître partout les signes de la main de Dieu, qu'est-ce que ça veut dire ? Ça veut dire : ne voir que les signes qui nous sont favorables ! Évidemment ! Les autres, vous vous gardez bien de les voir ! Vous les ignorez ! Tout votre discours semble n'avoir qu'un but, c'est de mettre Dieu de votre côté, à n'importe quel prix, presque malgré lui. Vous dites à chaque instant : Dieu guide mon action, il m'aide à tenir mon épée, je ne fais rien sans lui, puisqu'il est avec moi. Mais ce que je lis derrière ces phrases est tout différent. Je lis : Dieu, c'est mon intérêt ! C'est ce qui justifie mes crimes !

Cette fois le cardinal — colère sincère ou feinte ? on ne sait pas — semble ne plus pouvoir tolérer la parole très provocante du dominicain. Il saisit lui-même la sonnette, qu'il agite, et il parle avec fermeté :

— Vous allez maintenant trop loin ! Personne ici ne peut douter du choix de Dieu ! Je vous demande catégoriquement de vous taire !

Las Casas obéit. Il se tait et il réfléchit un instant tandis que son adversaire se désaltère d'un verre d'eau.

Comment même parler du choix de Dieu ? Choisir, n'est-ce pas justement une décision purement humaine, qui suppose plusieurs solutions possibles, des arguments pour celle-ci, contre celle-là, et finalement une décision, non sans avoir parfois longuement balancé?

Mais comment Dieu pourrait-il hésiter? Ne sait-il pas toutes choses avec totale certitude, depuis l'origine des temps? Ne connaît-il pas le destin de la Terre, ce destin qu'il a lui-même tracé? Dans quels vacillements de conscience pourrait se situer le choix de Dieu? Comment pourrait-il prendre une décision? Et pourquoi à ce moment-là? Et dans ces circonstances-là?

Et si le choix de Dieu est fait, se dit peut-être aussi Las Casas (mais sans formuler publiquement cette pensée-là, qui est à deux doigts de l'égarement), si ce choix est fait de toute éternité, un choix que rien dans l'énergie des hommes ne pourra jamais modifier, pourquoi m'a-t-il fait naître, moi, pourquoi m'a-t-il poussé jusqu'à ce titre de procureur des Indiens, et pourquoi, à soixante-seize ans, me donne-t-il encore toute cette force pour douter qu'il ait fait ce choix?

A la même heure, ou presque, une charrette, tirée par deux chevaux, pénètre dans le cloître du couvent — non sans difficulté, car le porche est étroit.

Sur la charrette se dresse une étrange construction en bois, une large guérite, percée de trois petites ouvertures, comme des fentes.

Deux charretiers s'occupent du véhicule et des bêtes de trait. Ils paraissent obéir à des instructions très précises. Ils détellent les chevaux et les emmènent, laissant la charrette et la guérite dans le cloître. Quelques moines curieux passent par là. Cette intrusion paraît les intriguer, mais ils ne posent aucune question. Ce n'est pas dans leurs habitudes.

Un peu plus tard, l'un des deux charretiers revient. Il porte une gourde en peau. Montant sur la charrette, il approche le goulot de la gourde d'une des fentes de la guérite. Aucun doute : il fait boire quelqu'un.

7

Sans doute faut-il revenir un moment sur la dimension théorique de la dispute, déjà évoquée par le cardinal. Au centre : la question du pouvoir temporel, c'est-à-dire du pouvoir terrestre du pape, représentant indiscuté de Dieu.

Pour venir à bout des contradictions des Évangiles — lesquels disent tantôt qu'il faut rendre à César ce qui est à César, et tantôt que sera lié dans le Ciel tout ce que le chef de l'Église liera sur la terre —, le grand Thomas d'Aquin, dans sa *Somme théologique,* clef de voûte du Moyen Age chrétien, a nettement tranché : « Le droit divin n'abolit pas le droit humain. » Autrement dit, si cette phrase est clairement interprétée, et honnêtement reçue, il existe un droit humain (droit de vie, droit de liberté, droit de possession) qu'aucune décision prise « de droit divin » ne saurait abolir.

Ce qui signifie, dans l'esprit de certains commentateurs, que les Indiens d'Amérique ont un droit humain sur leurs terres, qu'ils en sont légitimement les propriétaires et qu'aucune décision pontificale ne peut les priver de ce droit, même au nom du Christ.

C'est en ce sens que le grand Vitoria — malheureusement décédé à l'époque de la controverse — lisait l'œuvre de saint Thomas. Comme l'ensemble des païens, disait-il dans son ouvrage *De Indis,* publié en 1539, les habitants du Nouveau Monde possèdent très légitimement le sol qui les a vus naître, et bien entendu les fruits de ce sol. Le pape a confié aux Espagnols la mission d'évangéliser les âmes ; il n'a pas pu — n'en ayant pas le pouvoir légitime — leur donner la domination matérielle sur les corps des hommes et sur les biens de la terre.

Naturellement, Vitoria ne va pas jusqu'à demander aux colons espagnols de remonter sur leurs navires et de rentrer dare-dare en Espagne ; ni même de renoncer à leurs titres de propriété. Il leur reconnaît le droit de naviguer sur toutes les surfaces des mers, de découvrir la terre entière, patrie commune de l'espèce humaine, d'établir des comptoirs commerciaux et tous les rapports sociaux que la nature demande et autorise (formules dangereuses, qu'on accusa de manquer de rigueur).

Sur un point précis, et fondamental, Vitoria cependant tenait bon : sur le point de la « juste guerre ». Saint Thomas a rangé l'acte de foi parmi les actes de la volonté libre. On peut donc l'accomplir ou le refuser. De toute manière, il s'agit ici d'un acte purement humain, où le droit divin ne peut intervenir. En d'autres termes : on ne peut obliger homme au monde, par la force, à changer de foi. Impossible de menacer et à plus forte raison de supplicier pour imposer une foi, s'agirait-il même de la vraie. Impossible enfin, pour les mêmes raisons, de pratiquer les baptêmes en masse, exercices collectifs purement mécaniques, militairement organisés, d'où la sincérité paraît obligatoirement bannie.

La violence défensive, seule, est autorisée. On ne peut frapper et abattre les Indiens que s'ils attaquent des prédicateurs, s'ils persécutent les nouveaux convertis, s'ils s'obstinent à garder des terres injustement conquises (autrement dit : conquises par la guerre sur d'autres Indiens), s'ils persistent à pratiquer des sacrifices humains sur leurs innocents sujets.

Encore vaut-il mieux riposter le plus doucement possible, s'abstenir de blesser et de tuer, se battre avec une « intention droite », tout en sachant qu'avec les plus pures des intentions on commet parfois des péchés monstrueux. Il faut enfin fuir avec force l'idée même de vengeance et de conquête ; et cela non seulement par souci de charité chrétienne, mais aussi par calcul, car ces violences, comme l'écrivait Vitoria, risquaient de faire obstacle à la conversion des barbares, au lieu de la favoriser.

Dans le cas des sacrifices humains — le fond de l'horreur — se pose le plus délicat des dilemmes. Où commence, où finit ce droit que je me donne d'intervenir chez l'étranger ? Cela se limite-t-il à ce type de sacrifices ? Mais comment, dans certaines occasions, les distinguer d'une exécution capitale ? Et dira-t-on du même coup, par simple dérive, que chaque fois que des actes à nos yeux criminels se commettent dans d'autres pays, soumis à d'autres lois, adorant d'autres dieux, nous nous devons d'intervenir avec nos armes ? Parce que nous adorons le vrai Dieu, sommes-nous nécessairement chargés de la police de la terre ?

Le péché est subtil. Il naît souvent de la vertu, ou d'une action qu'on croit indifférente. En autorisant par exemple tel ou tel commerce d'épices, on excite la cupidité des marchands, on provoque des vols, des spoliations, des mensonges, parfois des crimes. L'initiateur, qui se croit innocent, est-il dans ce cas le responsable ? Est-il aussi coupable que celui qui commet le péché ? Pèche-t-il indirectement ?

Ainsi mille questions s'agitent, dans ce courant actif, généreux et plutôt clairvoyant de la pensée chrétienne. Il s'agit chaque fois de marquer, le plus sincèrement possible, les commencements d'une faute. Efforts incessants de lucidité et de droiture. Examens aigus de la conscience. Par-dessus tout, un souci qui reste premier : ne jamais altérer l'inégalable pureté de l'Évangile.

Tout à l'opposé, un autre fleuve traverse l'Église, depuis le XIIIᵉ siècle. On l'appelle la tradition ostiensiste, d'après le surnom du théologien Henri de Suse, cardinal d'Ostie, en Italie. Ici, la chose est claire. Ce que le pape lie sur la terre est également lié dans les Cieux. Le pouvoir temporel du Saint-Siège, parfaitement légitimé par la parole même du Christ (chaque commentateur choisit sa parole), justifie toute intervention militaire, et par conséquent violente, destinée à la propagation de la vraie foi. Cette propagation est même un devoir pour un chrétien, quel que soit le prix à payer (par l'autre).

Position claire et ferme, d'autant plus ferme qu'elle s'appuie elle aussi sur certains passages de Thomas d'Aquin, où le père de la théologie, nourri d'Aristote, n'hésite pas à envisager lui aussi diverses catégories parmi les hommes. Tradition ancienne, solide, très largement représentée au sein de l'Église (le cardinal de Séville s'en réclame) et jusque dans les rangs des dominicains. La couronne espagnole, disent-ils, a reçu du pape, et par conséquent de Dieu, une mission providentielle, une sorte d'investissement sacré : porter l'Évangile dans le Nouveau Monde. Aucun prétexte — même la charité — ne permet d'y faillir.

Dans ce conflit, perpétuellement resurgi, entre les deux vertus cardinales qui souvent apparaissent totalement inconciliables, la foi avec ses exigences et la charité avec ses principes, Sepúlveda se range bien entendu dans la lignée ostiensiste. La guerre des Nouvelles Indes a été ordonnée par la plus légitime des autorités. Elle est donc juste et nécessaire.

Il n'en démord pas. Tout au long du troisième jour, alors que déjà les participants se fatiguent et parfois même se répètent (la résistance physique peut jouer un rôle dans l'aboutissement d'une controverse), il reprend une à une les déclarations de Las Casas. Il insiste particulièrement sur l'accusation de démonialité — très grave en ce milieu de siècle, où la chasse aux sorcières redouble d'âpreté — portée par le dominicain à l'encontre des conquérants.

Il s'écrie par exemple :

— Assimiler les Portugais et les Espagnols à des créatures du Diable, dire que le démon les a pénétrés à leur débarquement sur les terres nouvelles, mais quelle aberration ! Quelle folie de langage ! Quel désordre dans la pensée ! Les indigènes eux-mêmes ont reconnu que les arrivants leur étaient envoyés par quelque dieu : ils en étaient sûrs, par instinct ! Depuis les tout premiers contacts ! Ils allaient jusqu'à les adorer !

En effet, la légende a longtemps couru que les habitants récemment découverts saluaient leurs massacreurs comme des dieux. Simple rumeur des premiers contacts, vite démentie, mais rumeur tenace. C'est pourquoi, dans la salle, on remarque des hochements de tête. La plupart des moines qui sont là n'ont jamais mis les pieds en Amérique. Ils approuvent pourtant, par commodité de pensée. Il est rare que ceux qui établissent des catégories sociales entre les hommes se rangent eux-mêmes sur les bas degrés de l'échelle.

Encouragé, Sepúlveda insiste alors sur la barbarie des indigènes :

— Et faire des Indiens des innocents ! Mais comment vous suivre ? Eux qui sacrifiaient à leurs idoles des milliers, des dizaines de milliers de victimes ! Quatre-vingt mille pour la seule inauguration du grand temple de Mexico !

Las Casas essaie de dire que cette quantité extraordinaire est loin d'être prouvée, mais il s'embrouille un peu dans les chiffres. Sepúlveda tient là son argument central — les sacrifices humains — et il s'y accroche avec obstination. Ni l'un ni l'autre ne savent exactement (d'ailleurs on ne le saura jamais) combien de cœurs ont été arrachés sur les marches fatales du temple. Mais l'image d'un homme tuant un de ses semblables — si commune et si bien acceptée dans une guerre, ou simplement dans un pillage — a quelque chose de terriblement choquant, d'insupportable, quand il s'agit d'un culte, d'un rituel ordinaire ; comme si la guerre apportait véritablement à l'individu un changement d'état, une métamorphose de l'être où, entre la règle et l'exception, s'établit un jeu d'une autre nature.

Las Casas demande un instant la parole. Il vient de retrouver dans ses papiers une lettre en portugais, écrite par un voyageur nommé Caminha, qui fut un des compagnons de Cabral le long des côtes du Brésil. De Lisbonne, Las Casas a reçu copie de cette lettre, qui date de l'année 1500. Caminha s'y émerveille de la splendide nature qu'ils découvrent, de l'accueil agréable des indigènes, de leur beauté, des corps dénudés des jeunes femmes...

Désapprobation générale. Ces descriptions idylliques ont déjà quelque chose de déplacé. Cinquante ans plus tard, après la découverte et l'anéantissement des grands empires, elles sont difficiles à croire, elles apparaissent naïves, un peu sottes — même si pourtant elles sont sincères et véridiques. L'assistance proteste avec quelques haussements d'épaules, ici ou là. Le cardinal lui-même paraît dire qu'on n'a que trop entendu ce refrain. Las Casas se soumet, remet la lettre en place. Maladresse ? Ou manœuvre pour couper l'élan de son adversaire ?

Sepúlveda reporte aussitôt la discussion sur les Aztèques. Écartant l'innocence de l'origine (ou supposée telle), oubliant les sauvages à demi nus, sans importance, immédiatement balayés, il en revient au grand empire et à ses coutumes complexes, furieusement inacceptables :

— Mais c'est le plus barbare, le plus sanglant des peuples ! Sodomites, oui, et cannibales ! Vous avez oublié de le rappeler ! Ils allaient, a-t-on dit, « le ventre gonflé de chair humaine » ! Ils ont tué des soldats espagnols et ils les ont mangés ! Et certains, pour danser, revêtaient des peaux de chrétiens ! Vous dites qu'ils ne savent pas mentir ? Mais ils vous ont trompé ! Continuellement ! Dès qu'un peuple sait parler, il sait mentir ! Ces Indiens sont pour la plupart des sauvages féroces. Non seulement il est juste, mais il est nécessaire de soumettre leurs corps à l'esclavage et leurs esprits à la vraie religion !

Les murmures d'approbation l'accompagnent toujours, tandis que les plumes continuent de se dépêcher sur le papier.

Sepúlveda établit avec fermeté la condition barbare des habitants de Mexico. Indirectement, il parvient à faire place à la charité :

— A supposer même l'absurde, à supposer qu'ils soient innocents par nature, personne ne met en doute qu'ils sacrifiaient des vies humaines pour capter les faveurs de leurs dieux. Ainsi notre guerre ne serait-elle pas justifiée, une guerre menée pour protéger des innocents contre des chefs tyranniques, qui mettaient à mort leurs hommes et qui souvent les dévoraient ?

A ce point, il se fait lui aussi rappeler à l'ordre par le cardinal — dont personne ne peut dire, à ce moment-là, de quel côté penche le cœur.

— Professeur, nous tenons ceci pour admis. Mais vous savez comme moi qu'en raisonnant ainsi, bien souvent, on ne fait que repousser le problème à quelque distance. Car toujours les uns et les autres discuteront pour savoir qui sont les chefs tyranniques, et qui les innocents.

— Je l'admets, dit Sepúlveda.

— Innocents qui, de toute manière, jamais ne nous appelèrent à leur secours.

— Mais qui acceptèrent qu'on les libérât.

— C'est possible. Je crois cependant, continue le légat, que nous quittons ici notre domaine pour entrer dans celui de la diplomatie, et des opérations militaires. Or, je le répète, nous ne sommes pas réunis pour parler de la guerre. Cette conquête — même si certains n'aiment pas ce mot — est chose du passé.

Nous sommes ici avec une intention précise : décider de la nature exacte des Indiens. S'ils sont les descendants d'Adam et d'Ève, soumis au péché originel, s'ils ont été rachetés par le sang du Christ, s'ils ont une âme semblable à la nôtre, s'ils peuvent comme nous prétendre à la vie éternelle.

Il marque une pause, regarde directement Sepúlveda et lui dit :

— Professeur, donnez-moi clairement votre avis.

Pour répondre, le traducteur se retranche d'abord derrière les larges épaules du maître :

— Aristote l'a dit très clairement : certaines espèces humaines sont faites pour régir et dominer les autres.

— A votre avis, c'est ici le cas ?

— Oui, Éminence. Ils sont esclaves par nature.

Sepúlveda rappelle en quelques phrases ce que tous sont censés savoir (mais pour certains il y a des souvenirs brumeux) : Aristote, dans sa *Politique,* dit avec netteté que l'esclave n'atteint pas à la dignité humaine. Il n'est qu'un instrument animé, une sorte de machine vivante faite pour exécuter les ordres du maître.

Pour exécuter ces ordres, il faut qu'il les comprenne. S'il est capable de les comprendre et d'y obéir, cela montre que, d'une certaine manière, il participe à la nature rationnelle de l'homme, comme un animal domestique particulièrement intelligent, mais sans parvenir à posséder la totalité de cette nature. Cette participation demeure passive, restreinte. On pourrait dire : à sens unique.

Sepúlveda reprend alors les différentes catégories de rapports dominateurs, établis par Aristote, qui prétendent à établir la bonne ordonnance du monde. Il est

101

juste et normal, dit-il, que la matière obéisse à la forme, le corps à l'âme, l'appétit à la raison, et de la même manière l'animal à l'homme, l'épouse à l'époux, l'enfant au père, l'imparfait au parfait, le pire au meilleur, et cela pour le bien universel de toutes choses. La loi divine et naturelle a pour toujours prescrit cet ordre. Aristote et les théologiens sont en plein accord sur ce point.

— Cet ordre a été établi par le Créateur pour le bien de tous, dit le professeur. Le maître a besoin de l'esclave et l'esclave a besoin du maître. Celui qui est né esclave, s'il reste sans maître, il est perdu. Il se laisse effacer de la terre.

Sepúlveda signale au passage — mais rapidement — que la victoire à la guerre n'établit pas nécessairement un esclavage légitime, et conclut en répétant que le rapport maître-esclave est au profit de l'un comme de l'autre, et que rien ne s'y peut changer.

Après quoi il affirme avec la même fermeté :

— Oui, Éminence, les habitants du Nouveau Monde sont des esclaves par nature. En tout point conformes à la description d'Aristote.

— Cette affirmation demande des preuves, dit doucement le prélat.

Sepúlveda n'en disconvient pas. D'ailleurs, sachant cette question inévitable, il a préparé tout un dossier. Il en saisit le premier feuillet.

— D'abord, dit-il, les premiers qui ont été découverts se sont montrés incapables de toute initiative, de toute invention. En revanche, on les voyait habiles à copier les gestes et les attitudes des Espagnols, leurs supérieurs. Pour faire quelque chose, il leur suffisait de regarder un autre l'accomplir. Cette tendance à copier, qui s'accompagne d'ailleurs d'une réelle ingéniosité dans l'imitation, est le caractère même de l'âme esclave. Ame d'artisan, âme manuelle pour ainsi dire.

— Mais on nous chante une vieille chanson! s'écrie Las Casas. De tout temps les envahisseurs, pour se justifier de leur mainmise, ont déclaré les peuples conquis indolents, dépourvus, mais très capables d'imiter! César racontait la même chose des Gaulois qu'il asservissait! Ils montraient, disait-il, une étonnante habileté pour copier les techniques romaines! Nous ne pouvons pas retenir ici cet argument! César s'aveuglait volontairement sur la vie véritable des peuples de la Gaule, sur leurs coutumes, leurs langages, leurs croyances et même leurs outils! Il ne voulait pas, et par conséquent ne pouvait pas voir tout ce que cette vie offrait d'original. Et nous faisons de même : nous ne voyons que ce qu'ils imitent de nous! Le reste, nous l'effaçons, nous le détruisons à jamais, pour dire ensuite : ça n'a pas existé!

Le cardinal, qui n'a pas interrompu le dominicain, semble attentif à cette argumentation nouvelle, qui s'intéresse aux coutumes des peuples. Il fait remarquer qu'il s'agit là d'un terrain de discussion des plus délicats, où nous risquons d'être constamment ensorcelés par l'habitude, prise depuis l'enfance, que nous avons de nos propres usages, lesquels nous semblent de ce fait très supérieurs aux usages des autres.

— Sauf quand il s'agit d'esclaves-nés, dit le philosophe. Car on voit bien que les Indiens ont voulu presque aussitôt acquérir nos armes et nos vêtements.

— Certains d'entre eux, oui sans doute, répond le cardinal. Encore qu'il soit malaisé de distinguer, dans leurs motifs, ce qui relève d'une admiration sincère ou de la simple flagornerie. Quelles autres marques d'esclavage naturel avez-vous relevées chez eux ?

Sepúlveda prend une liasse de feuillets et commence une lecture faite à voix plate, comme un compte rendu précis, indiscutable :

— Ils ignorent l'usage du métal, des armes à feu et de la roue. Ils portent leurs fardeaux sur le dos, comme des bêtes, pendant de longs parcours. Leur nourriture est détestable, semblable à celle des animaux. Ils se peignent grossièrement le corps et adorent des idoles affreuses. Je ne reviens pas sur les sacrifices humains, qui sont la marque la plus haïssable, et la plus offensante à Dieu, de leur état.

Las Casas ne parle pas pour le moment. Il se contente de prendre quelques notes. Tout cela ne le surprend pas.

— J'ajoute qu'on les décrit stupides comme nos enfants ou nos idiots. Ils changent très fréquemment de femmes, ce qui est un signe très vrai de sauvagerie. Ils ignorent de toute évidence la noblesse et l'élévation du beau sacrement du mariage. Ils sont timides et lâches à la guerre. Ils ignorent aussi la nature de l'argent et n'ont aucune idée de la valeur respective des choses. Par exemple, ils échangeaient contre de l'or le verre cassé des barils.

— Eh bien ? s'écrie Las Casas. Parce qu'ils n'adorent pas l'or et l'argent au point de leur sacrifier corps et âme, est-ce une raison pour les traiter de bêtes ? N'est-ce pas plutôt le contraire ?

— Vous déviez ma pensée, répond le philosophe.

— Et pourquoi jugez-vous leur nourriture détestable ? Y avez-vous goûté ? N'est-ce pas plutôt à eux de dire ce qui leur semble bon ou moins bon ? Parce qu'une nourriture est différente de la nôtre, doit-on la trouver répugnante ?

— Ils mangent des œufs de fourmi, des tripes d'oiseau...

— Nous mangeons des tripes de porc ! Et des escargots !

— Ils se sont jetés sur le vin, dit Sepúlveda, au point, dans bien des cas, d'y laisser leur peu de raison.

— Et nous avons tout fait pour les y encourager ! Mais ne vous a-t-on pas appris, d'un autre côté, qu'ils cultivent des fruits et des légumes qui jusqu'ici nous étaient inconnus ? Et que certains de leurs tubercules sont délicieux ? Vous dites qu'ils portent leurs fardeaux sur le dos : ignorez-vous que la nature ne leur a donné aucun animal qui pût le faire à leur place ? Quant à se peindre grossièrement le corps, qu'en savez-vous ? Que signifie le mot « grossier » ?

— Frère Bartolomé, dit le légat, vous aurez de nouveau la parole, aussi longtemps que vous voudrez. Rien ne sera laissé dans l'ombre, je vous l'assure. Mais pour le moment, restez silencieux.

Le dominicain, qui paraît fatigué, se rassied. Le cardinal s'adresse au philosophe :

— Selon vous, la possession et l'usage des armes à feu seraient une preuve de la protection divine ?

— Une preuve très évidente.

— Cependant, les Maures possèdent des armes à feu et s'en servent très bien contre nous.

— Ils les ont copiées sur les nôtres.

Le légat semble mettre en doute cette dernière affirmation. Il essaie de se souvenir. N'a-t-il pas lu quelque part que l'usage de la poudre à canon venait des pays de l'Orient ?

Dans l'assistance, personne ne peut répondre avec précision et certitude. On préfère penser, et c'est à vrai dire plus confortable, que l'arme à feu est une invention chrétienne, comme la plupart des autres.

Et si d'aventure, comme le suggère le comte Pittaluga, l'intervention divine ne s'est pas clairement montrée dans l'invention elle-même (qui s'étala sur des siècles, à ce qu'on raconte), à coup sûr elle se manifesta en privant les Indiens, jusqu'à leur conquête, de ce type d'armes. Ainsi la pauvreté de leur équipement militaire montre non seulement l'archaïsme de leur technique, mais que Dieu les priva de toute vraie défense.

Le légat, mettant à part cette question, revient à Sepúlveda :

— Autre chose : vous rapportez les sacrifices sanglants qu'ils faisaient à leurs dieux.

— Des dieux cruels, horribles, à l'image même de ce peuple.

— Oui, oui, il s'agit bien d'une horreur démoniaque. Nous sommes tous d'accord. Mais s'ils ne sont pas des êtres humains du même niveau que le nôtre, s'ils sont proches des animaux, peut-on leur reprocher ces sacrifices ? Vous voyez ce que je veux dire ?

— Je reconnais la subtilité de votre Éminence, répond doucement le philosophe, qui paraît quelque peu gêné.

Le dominicain, qui s'était assis, retrouve soudain son animation. Le cardinal viendrait-il encore à son aide ? Pourquoi cette ruse, dans son discours ? Pour intervenir dans la discussion, en se mettant alors du côté de Las Casas, ou pour simplement montrer sa maîtrise ?

106

En tout cas le légat insiste, enfonce le clou :

— On ne peut leur reprocher des sacrifices humains que s'ils sont humains.

Sepúlveda baisse la tête et réfléchit, tandis qu'un certain nombre d'assistants manifestent leur approbation. Mais leurs sentiments sont-ils sincères ? N'agissent-ils pas — certains d'entre eux — sous l'effet pervers de la flatterie ? N'est-ce pas l'occasion rêvée pour hocher pesamment de la tête à la finesse du prélat ?

— Je ne nie pas leur condition humaine, reprend le philosophe, au sens où Aristote l'entend, je dis simplement qu'ils sont à la plus basse place de cette condition, et que leur nature diffère essentiellement de la nôtre.

— Vous ne l'avez pas suffisamment prouvé.

— Je suis loin d'en avoir fini.

— Nous vous écoutons.

— Éminence, je dis que leur ignorance et leur naïveté n'ont pas de mesure. Je vais en donner plusieurs exemples.

Il saisit quelques feuillets qui lui sont tendus par un assistant.

— Je reviens d'abord sur les présages, qui les ont tant épouvantés. Ils étaient assurés de l'existence d'une énorme pierre, qui parlait, annonçant la chute de leur royaume. Ils voyaient, les jours sans vent, de très hautes vagues se lever sur les eaux des lacs. La nuit, ils entendaient la voix d'une femme, qui criait à mort et à destruction.

— Ces phénomènes se voient très souvent dans l'histoire des peuples vaincus, dit le cardinal, soit que

Dieu les envoie vraiment, soit que les habitants les inventent sous l'emprise de la frayeur, et par la suite oublient les avoir inventés.

— Ici, ils ont atteint des proportions très singulières, ce qui peut conduire à penser que Dieu lui-même les a perdus. Il a confondu leurs rêves, auxquels ils faisaient foi naguère, à tel point que les empereurs enquêtaient pour connaître les rêves de leurs sujets. Il a corrompu leur vision, puisqu'une de nos caravelles leur apparaissait « une montagne sur les eaux du golfe ». Il les a conduits, comme le seigneur-évêque l'a rappelé, au désespoir et au suicide.

En nommant Las Casas le seigneur-évêque, n'oubliant pas son diocèse de Chiapas, le philosophe tient à rappeler que le dominicain est par définition le serviteur et le représentant de Dieu. Il ne peut pas manquer de voir l'action de Dieu quand elle s'exerce dans la clarté. L'habit qu'il porte lui impose une direction de pensée. Sepúlveda le sait. Il ne perd aucune occasion de mettre le moine-évêque mal à l'aise.

— Bien que je n'aie pas cité tous ces faits dans mon livre, dit-il en tendant à nouveau la main vers son assistant, je peux vous en donner des illustrations très nombreuses. J'aurais d'ailleurs mille remarques à ajouter. Outre ce désespoir, ce dégoût de vivre (il emploie l'expression latine *taedium vitae*) qui démontre très bien la contrainte divine, je pourrais accumuler, en oubliant même les présages, un tas de stupidités diverses, qui pourraient même vous amuser. Ainsi ils offraient en hommage des volailles aux chevaux, car ils s'imaginaient que les chevaux pensaient et parlaient, qu'ils donnaient des conseils aux cavaliers !

108

Quelques sourires détendent en effet les visages de certains auditeurs. D'autres, comme Las Casas, ne trouvent là aucune drôlerie.

— Ils allaient jusqu'à croire que les Espagnols, par quelque sortilège cosmique, n'avaient jamais été enfants. Ils étaient nés adultes, sans mère, comme les Grecs le croyaient de la déesse Athéna, nés avec leurs habits de fer et leurs armes ! Et ils croyaient aussi qu'ils étaient immortels ! Ils prenaient la croix pour un dieu, oui, la croix, un objet ! Et ils tenaient la messe pour une pratique magique, capable de donner aux participants des pouvoirs immenses !

Las Casas s'écrie :

— On ne faisait rien pour les détromper !

Sepúlveda néglige cette interruption. Il poursuit, du même ton :

— Lorsque arrivèrent les premiers religieux, qui ne demandaient pas d'or, les Indiens furent épouvantés. Ils ne pouvaient pas comprendre qui étaient ces hommes vêtus d'étoffes grossières, qui ne parlaient que du chemin du Ciel. C'était leur pauvreté qui les effrayait, comme une anomalie de la nature.

— Ils avaient été mal habitués, dit Las Casas. Cet amour de la pauvreté leur semblait si rare !

— Ils bâtirent d'incroyables légendes sur les franciscains. Ils racontaient même que les moines étaient des morts, oui, des cadavres animés, et que la nuit ils abandonnaient leurs robes pour rejoindre leurs femmes en enfer ! Et revenir au petit matin !

Cette déclaration — que le père Pablo approuve — suscite des mouvements d'étonnement et d'amusement. Sepúlveda sent qu'il est en train de reconquérir un terrain perdu.

Mais Las Casas se dresse. Il s'attendait à cet argument et il en connaît la parade :

— Et nous ? N'étions-nous pas naïfs et ignorants ?
N'allions-nous pas chercher des sirènes et des mino-
taures ? Des hommes avec la tête dans la poitrine ?
Des hommes-crabes ? Des pygmées se drapant dans
les plis de leurs oreilles ? Des villes enfouies dans la
forêt et couvertes de coupoles en or massif ?

Il va sans doute se lancer dans une très longue énumération, mais le cardinal lui ôte la parole.

— Oui, oui, dit-il, nous connaissons toutes ces
rêveries. Il en est ainsi pour chaque voyage nouveau.
Et il en sera toujours ainsi, vous le savez bien.

— Alors pourquoi ne pas retenir nos fantaisies,
notre crédulité, et nous complaire à celles des
Indiens ?

Le cardinal demande avec une sorte de bonne foi :

— Ai-je montré que je m'y complaisais ?

— Éminence, répond le dominicain, depuis toujours le monde est plein de rêves et de rumeurs,
comme si la réalité que voient nos yeux ne pouvait
jamais nous satisfaire. Ces terres immenses nous
étaient inconnues, ou si elles furent connues autrefois
et même, qui sait ? visitées par l'apôtre Thomas, elles
étaient retournées à l'oubli. Même leur souvenir
s'était effacé dans notre mémoire. Voici donc un
continent, pensez bien à ce mot, un continent qui a
grandi presque seul, et depuis des milliers d'années !
La rencontre a stupéfié tout le monde.

Il remonte à son enfance, à cette joie qui l'agitait à
l'arrivée des caravelles, à l'apparition des Indiens et
des perroquets, à la curiosité qui animait Séville —
tristement célèbre aujourd'hui comme capitale de
l'esclavage. Il redit qu'aucune rencontre, jamais, ne
provoqua pareille sensation.

Sepúlveda le laisse parler. Quand le dominicain quitte son enfance, le philosophe lui demande :

— Et pourquoi donc cette stupéfaction, à votre avis ?

— Parce que les uns et les autres s'ignoraient !

— Soyez plus précis. La vraie raison, quelle était-elle ?

— Où voulez-vous nous amener ?

— Je vais vous répondre, dit Sepúlveda. Cette stupéfaction réciproque s'explique par une raison très simple : rien n'était semblable. Vous le savez bien. Même les animaux, même les arbres étaient d'espèces différentes ! Ils n'avaient ni bœuf, ni mouton, ni olivier, ni coq, ni poule, ni girafe, ni lion. Nous n'avions ni jaguar, ni colibri, ni tous ces fruits, ni ces légumes dont vous avez parlé. Tout était autre. Pourquoi, dans deux mondes si différents, les êtres à l'apparence humaine seraient-ils les seuls à être semblables ?

Habile question. On y réfléchit. Las Casas s'apprête à dire que le lapin était commun, le crocodile aussi — bien qu'un peu dissemblables, à vrai dire. En cherchant attentivement, on trouverait aussi quelques plantes, quelques poissons...

Sepúlveda passe déjà à autre chose. Il s'adresse directement au cardinal, revient à sa déclaration première, comme s'apprêtant à conclure :

— Éminence, je le répète, tout indique que Dieu les a désignés à notre pouvoir. Il a attendu que notre victoire sur les Maures fût complète et la même année il a conduit les navires chrétiens aux nouveaux rivages. La même année, pour nous montrer une mission nouvelle. Sa main divine s'est manifestée avec fermeté et certitude.

— De ceci, dit le cardinal, je suis tout aussi bon juge que vous. Avez-vous terminé ?

— Non, Éminence. Je n'ai pas terminé. Il me reste le plus délicat, qui est aussi le plus probant.

— Voyons.

— Vous devez également savoir, et là-dessus très nombreux sont les témoignages, que les Indiens se montrent incapables, encore aujourd'hui, de comprendre les choses les plus simples.

— Lesquelles ? demande Las Casas.

— La rédemption du Christ, par exemple, le péché originel, le mystère de la Sainte Trinité, le pardon de la confession.

— C'est là ce que vous appelez « les choses les plus simples » ?

— Mais oui. Le moindre enfant chez nous les assimile.

— Parce que, dès son enfance, on l'oblige à apprendre le dogme, et qu'on le lui implique longuement, patiemment ! Et même ainsi, êtes-vous bien sûr que tous nos enfants aient compris ?

— Ils l'admettent, en tout cas.

— Comment feraient-ils autrement ?

— Je ne crois pas, dit le philosophe, que nous puissions nous lancer ici dans une étude comparative de l'âme enfantine. De très savants auteurs ont écrit là-dessus. Je me permets de vous y renvoyer. Ce que cependant je tenais à établir, avec la plus grande tranquillité...

Il se retourne vers le cardinal :

— ... c'est que les Indiens n'ont aucune activité de l'âme. La vie de leur esprit est faible, bien au-dessous de la nôtre. Enfin, ils n'ont aucune idée de l'art, de la beauté.

— Mais je ne peux pas laisser dire ça! s'écrie le dominicain, à nouveau dressé. Ils ont *leur* idée de l'art! Et ils s'en contentent! Comment affirmer que leur expression est très inférieure à la nôtre, sinon pour nous donner ainsi le droit permanent de la détruire? Car c'est ce que nous faisons, depuis le début! Nous brûlons leurs écritures! Nous cassons leurs statues! Nous barbouillons leurs fresques!

— Éminence, dit le philosophe, il ne s'agissait que de productions maladroites, rudimentaires...

— Mais pas du tout! C'était au contraire très élaboré, très complexe. Et très admiré par eux! Comment pouvez-vous parler de ce que vous ne connaissez pas? Et comment prétendre qu'ils n'ont aucune activité de l'âme? Mais en ce moment même, à Mexico, les franciscains ont ouvert un collège...

Las Casas repère le franciscain, dans l'assistance, et demande confirmation :

— N'est-ce pas vrai?

— C'est vrai, dit le père Pablo. Le collège fonctionne depuis plusieurs années déjà.

— Et qu'y enseigne-t-on? demande quelqu'un.

— Les mêmes matières qu'en Espagne : l'histoire, la littérature, la religion, la morale. En un mot, notre éducation.

— Le collège est ouvert à tous?

— Non, cela serait impossible. Nous n'y recevons que les fils de princes aztèques ou tlaxalèques. Les garçons seulement. Et aussi quelques fils de marchands.

Las Casas lui demande :

— Et n'est-il pas vrai qu'ils montrent les mêmes dispositions, la même application que les Espagnols?

— C'est vrai.

— Et qu'ils parviennent aux mêmes résultats ?

— Oui, dit le franciscain. Ils font même des vers latins.

Il insiste :

— Les jeunes Aztèques s'habituent très rapidement à nos coutumes. Certains portent des habits de soie, taillés à la mode espagnole. En une heure, ils apprennent à se servir d'une arme à feu et visent aussi bien que nous. Ils apprécient le vin, quelquefois même avec excès. Quant à notre juridiction, ils en pénètrent si aisément les subtilités qu'ils se servent parfois de nos lois contre nous. Sans grand succès, il faut le reconnaître.

— Ils sont, reprend Las Casas, parfaitement à notre niveau en ce qui concerne l'esprit. Ils comprennent les mêmes choses que nous et reculent devant les mêmes mystères. Ils reconnaissent les mêmes articulations de la logique, les mêmes théorèmes scientifiques. Toute l'activité de ce collège le démontre.

Sepúlveda glisse une rapide remarque.

— Vous avez bien dit : les fils de princes ?

— Entendez-vous, lui demande Las Casas, que le niveau de notre esprit varie selon nos origines ?

— Ce n'est pas impossible, répond le philosophe. Aristote a déjà remarqué que la nature n'est pas infaillible dans sa distribution des qualités. La noblesse peut parfois s'égarer dans un cœur populaire, et la bassesse dans un aristocrate. Mais c'est rare. Même en Espagne, dans nos universités, nous voyons que les enfants bien nés réussissent mieux que les autres.

— Mais pour d'autres raisons que la naissance !

— Quelles autres raisons ?

— Mais l'éducation, l'habitude des livres dès l'enfance, le contact avec des parents qui...

Le cardinal agite sa sonnette et fait remarquer que la discussion montre à nouveau quelque tendance à s'égarer. Il coupe la parole au moine-évêque. Il rappelle une fois de plus le sujet dont il faut débattre et demande à Sepúlveda s'il veut ajouter quelques mots.

— Oui, Éminence. Je voudrais dire que ces considérations sociales, même si elles apparaissent parfois très superficielles, très convenues, sont, dans le cas qui nous occupe, indispensables. Et voici pourquoi : les nobles Aztèques dont nous parlons, ceux qui aujourd'hui nous confient leurs fils, n'ont jamais eu la moindre idée, à plus forte raison la moindre pratique, de ce que nous appelons la liberté. Leur système, avant notre arrivée, se voyait rigoureusement hiérarchisé et parfaitement immobile. Tous les privilèges étaient réservés à l'empereur et aux aristocrates qui l'entouraient. J'espère que le seigneur-évêque ne me contredira pas sur ce point.

— Non, dit Las Casas, mais j'apporterai des nuances.

— Autant que vous voudrez. Vous n'empêcherez pas un fait fondamental : la magnifique parole du Christ, dont vous allez me dire qu'elle s'adresse à tous les hommes, quel que soit leur degré de naissance et de connaissance, cette parole ne peut pas s'appliquer à une population qui depuis l'origine des temps reste soumise à d'autres lois. Cette parole, de charité et de justice, ne s'adresse pas à des masses nées pour l'esclavage et qui l'acceptent sans un murmure. Je vais même plus loin : cette parole libératrice, qui apporte à chaque homme la possibilité d'un salut, conduirait dans ce cas à la confusion, au simple

8

Un moment d'étonnement. Inquiet, le cardinal prend la peine de réfléchir aux phrases qu'il vient d'entendre. Il demande, en calmant sa voix :

— Voulez-vous faire entendre, professeur, que nous devrions cesser de prêcher là-bas l'Évangile ?

— Non, Éminence. Non, je n'ai pas dit ça. J'ai dit que la conséquence des idées chrétiennes risque de troubler ces esprits, très mal préparés à les recevoir ; et cela surtout dans les classes basses. C'est tout ce que j'ai dit. Et c'est une raison de plus pour accélérer leur soumission. Ainsi, loin d'être laissés comme des épaves à la dérive, ils retrouvent un ordre, une stabilité, ces maîtres dont ils ont tant besoin.

— Vous désespérez de les amener à la foi du Christ ?

— Non. Mais chez eux les élus seront rares. D'ailleurs tous les témoins ont remarqué, là-bas, une mortalité excessive. Je me demande quelquefois si cet appel triomphant de la mort ne vient pas, en grande partie, de nos idées inacceptables.

— De quelle manière ?

— Leur nature, comprimée entre deux exigences contradictoires, ne voit que la mort pour issue.

Las Casas s'élève tout aussitôt contre cette supposition, qu'il estime purement rhétorique et absurde. Comment oublier les meilleurs amis de la mort, les armes à feu et la vérole ? Et comment pénétrer dans une âme étrangère ? Comment savoir ce qui vraiment s'y passe, sans y introduire à notre insu nos propres sentiments, habitudes, raisonnements ?

— Il y faudrait, dit-il, tant de patience et tant de peine. Personne ne peut prétendre y pénétrer innocemment. Moi-même, je n'y prétends pas. Tout en les aimant comme mes frères, tout en les fréquentant de près, je fus très souvent surpris de leurs réactions. Dans un sens ou dans l'autre. Je sais qu'il me faudrait un siècle entier pour parfaitement les connaître. Et pourtant je sais qu'ils sont comme moi, je le sens, même s'ils éprouvent à mon égard un sentiment semblable au mien. Oui, la même perplexité. Je sais qu'ils s'efforcent de me comprendre, mais ma robe blanche et noire les étonne, comme ma tonsure, comme le crucifix que je leur montre. Nous nous étonnons les uns les autres. Sur ce point aussi, nous sommes semblables.

Le cardinal fait remarquer qu'il trouve ce raisonnement quelque peu obscur et spécieux, car étonnement réciproque n'entraîne pas similitude. Las Casas n'insiste pas. Il sait qu'il n'est pas à son aise sur le terrain de l'argumentation théorique. Même en théologie, il a des faiblesses et des ignorances. Loin des bibliothèques, trop longtemps il courut les mers et les forêts, sans prendre le temps d'affiner toutes les sinuosités de l'arme logique. Sepúlveda le surpasse, il le sait, et il se méfie.

Aussi préfère-t-il revenir à la question plus concrète de l'art :

118

— Comment peut-on négliger, mépriser leur architecture ? Parce qu'elle ne ressemble pas à la nôtre ? Parce qu'ils n'ont pas connu la voûte, qui d'ailleurs nous vient des païens ? Mais leurs bâtisses présentaient des proportions, une majesté, une beauté, et même un sens qui peut-être nous échappe ! Oui, une beauté ! Avant que nous détruisions toutes leurs villes, Cortés lui-même écrivait au roi d'Espagne qu'il n'avait rien vu d'aussi beau sur ses terres. Il l'écrivait avec prudence, évidemment, pour ne pas choquer la fierté du roi, mais écoutez, écoutez quelques phrases...

Son vieil ami Ladrada lui fait passer quelques feuillets où court une grosse écriture. Les lettres de Cortés au roi d'Espagne sont connues de tous, depuis près de trente ans. On sait aussi que Las Casas détestait la froideur cynique du conquistador. Il va chercher des arguments chez son ennemi.

— Cortés écrit ceci : « Il y a dans cette grande ville des temples, autrement dit demeures d'idoles, d'une fort belle architecture... J'ai compté quarante tours très hautes et admirablement construites... Il y a dans cette ville beaucoup de grandes et belles maisons.. Rien de comparable en Espagne... La plus belle chose du monde... Dans le commerce de la vie, les gens déploient tout autant de politesse et d'aménité qu'en Espagne... C'est une chose admirable que de voir combien ils sont policés en toutes choses...

Il jette un regard sur l'assistance, qui écoute et approuve. Il voit Sepúlveda prendre des notes. Il lit encore :

— « Il y a tant à dire sur l'état des demeures de Moctezuma et les admirables choses dont il s'entourait, tout aussi bien que de sa magnificence, que je ne sais par où commencer... Quoi de plus magnifique

que de voir un seigneur barbare comme lui posséder, reproduits en or, argent, pierres et plumes précieuses, tous les animaux et toutes les choses qui peuvent se trouver dans son royaume, et si finement exécutés en or et en argent qu'il n'est pas un bijoutier au monde qui puisse faire mieux ? Quant aux pierreries, on ne saurait comprendre avec quels instruments ils les taillent aussi parfaitement. Quant aux objets de plumes, ni la cire ni quelque produit que ce soit ne pourraient en imiter le travail merveilleux. »

Il repose ses feuillets.

— Je renonce à lire davantage. Le mot « merveilleux » revient à chaque page. Et je ne sais que dire de cette phrase, la dernière que je vous citerai : « Quelques-uns d'entre nous se demandaient si ce que nous voyions là n'était pas un rêve... » Oui, un rêve... un rêve maintenant détruit...

Sepúlveda répète alors que la nature, ainsi qu'on le voit souvent, donne aux esclaves-nés une excellente habileté manuelle, comme un signe de destinée. En outre, il est patent que Cortés a peint le Mexique sous les plus brillantes couleurs. Il voulait séduire le roi, dont l'appui militaire lui était nécessaire. Sepúlveda le dit en une phrase :

— Le conquérant qui a besoin de renforts ne voit pas de rides à sa conquête.

Las Casas repousse cette objection d'un haussement d'épaules, saisit d'autres documents, continue :

— Vous dites qu'entre nous tout était différent ? Vous vous trompez. J'ai ici de longues listes d'analogies, qui ont été dressées par d'autres que moi : mêmes divisions administratives, même coutume de donner à la famille le nom de son chef, même châtiment pour les traîtres, même comportement dans les

fêtes, et aussi dans les jeux. Oui, les Aztèques blas-
phèment comme nous quand ils perdent! Ils ont un
jeu qui ressemble aux échecs. Et quoi encore?
Jusqu'à leur religion, jusqu'à leur culte, où de nombreuses ressemblances ont été trouvées! Je sais que
cela se discute. Aussi bien ne vais-je pas m'y attarder.
Mais écoutez ceci. Et croyez bien ce que je dis.

Il prend une autre liasse de feuillets :

— Dans certaines branches de la médecine, ils
étaient en avance sur nous. Ils savaient lutter contre la
douleur, au point que nous commençons à leur
emprunter la quinine. Ils connaissaient des milliers de
remèdes, pris des plantes et des rochers. Ils prati-
quaient la trépanation des crânes, sans outils de métal.
Et que penser de leurs systèmes d'irrigation? Là
aussi, le conquérant n'a pas pu cacher son admiration.
Et leur écriture illustrée? Et leur arithmétique? Et
leur habileté au dessin? Et leur connaissance du ciel,
leur calendrier gravé dans la pierre, qu'on dit plus
précis que le nôtre?

Sepúlveda semble rejeter cette affirmation d'un
geste et d'un sourire. Le dominicain ne s'en soucie
pas. Il continue :

— Comment des barbares sans Dieu ont-ils
accompli tant de choses? Et l'organisation de leur
société? Et leurs parcs d'animaux sauvages! Mais
nous n'avons rien de semblable en Europe! Absolument rien!

Il s'empare de nouveaux feuillets, il parle de l'agriculture, de l'artisanat, du raffinement de certains
habits. Il va même jusqu'à faire l'éloge du système
d'impositions. Après tout, semble-t-il dire, seul un
peuple véritablement civilisé peut mettre en place des

impôts. Des croyances, des dieux, on en trouve partout ; mais des taxes centralisées ?

— Il est faux de déclarer que la guerre que nous leur avons faite était juste. Tracer par l'épée le chemin de Dieu est une entreprise déshonorante. Nous l'avons affirmé pendant des siècles, en parlant des musulmans. Ce qu'ils appellent la guerre sainte, répétions-nous, est une infamie. Elle ne sert qu'à écrire sur la terre le nom de Dieu en lettres de sang. Nous avons traité Mahomet et ses successeurs de tous les noms de criminels. Après quoi, nous avons fait de même. Sinon pis.

Des frémissements glissent dans l'audience. Accord ou désaccord ? On ne peut pas le dire.

— Une guerre ne peut pas être juste, même faite au nom du vrai Dieu, quand elle entraîne le massacre et l'esclavage. Cette guerre-là est condamnable. Ceux qui la conduisent sont attendus par l'enfer. En réalité, la guerre des Indiens était la guerre juste, celle qu'ils menaient pour défendre leur vie, leurs usages, leurs biens.

— Ils avaient donc raison de s'opposer à nous ? demande le cardinal, qui aime que les choses soient claires.

— Éminence, ils étaient dans leur droit.

Le dominicain vient de lire et de parler pendant près de vingt minutes. Autour de lui, sur sa table, sur les chaises et même sur le sol, tous ses documents sont éparpillés. Ladrada commence à les ramasser.

Le cardinal regarde alors le philosophe, qui semble vouloir intervenir (un de ses assistants, qui était sorti, vient de rentrer).

Sepúlveda lui pose une question :

— Éminence, je crois que vous n'avez jamais fait le voyage aux Nouvelles Indes ?

Le légat doit l'admettre :

— Non, je n'ai pas le pied très navigateur.

— Pour que cependant vous puissiez avoir une idée de ce que certains appellent leur art, j'ai fait venir de là-bas une de leurs idoles en pierre sculptée. Puis-je vous la montrer ?

Surprise générale. Le philosophe s'est fait expédier une idole ? Avait-il donc poussé sa préparation jusque-là ?

A l'exception de Las Casas et du franciscain, aucun des hommes présents dans la salle n'a jamais passé l'océan, n'a jamais vu de près une de ces images de pierre auxquelles on sacrifiait des vies.

— Vous voudriez la montrer maintenant ? demande le légat, tout aussi déconcerté — et curieux — que les autres.

— Puisque nous en parlons, répond le philosophe. De cette façon vous pourrez apprécier sur pièces.

Des ordres sont donnés. Des moines ouvrent les deux battants de la grande porte. Quatre hommes apparaissent, qui ne sont pas des moines mais des ouvriers. Un des quatre est un Africain, probablement captif des Portugais, puis affranchi, errant, vivotant de petits travaux.

Ils tirent et poussent un lourd chariot qui porte un gros objet recouvert d'une bâche.

Sepúlveda s'est écarté de son banc. Il indique à quel endroit le chariot doit s'arrêter, assez loin de l'estrade où le cardinal est assis. Quand tout s'immobilise, Sepúlveda demande au cardinal l'autorisation d'enlever la bâche.

On dirait un jeu-surprise. Tous les regards des moines sont braqués sur l'objet voilé. Sur un signe de Sepúlveda, les quatre hommes dénouent des cordes, enlèvent la bâche d'un seul mouvement et font apparaître la tête sculptée d'un serpent à plumes.

Elle surgit d'un coup, la gueule largement fendue sur des hautes dents, peinte en rouge et vert (mais la peinture a souffert du voyage) et terriblement menaçante. Une corolle de plumes de pierre l'entoure. Sculpture violente, monstrueuse même, très fortement équilibrée pourtant; une image qui semble ramasser en elle seule l'horreur et l'harmonie du monde.

— Il s'agit d'un de leurs dieux, déclare Sepúlveda, certainement le plus célèbre, à ce qu'on dit. On en trouve partout des effigies. C'est une espèce de monstre, un serpent à plumes.

Le franciscain donne son nom :

— Quetzalcóatl.

— C'est une idole? demande le cardinal en se levant de son siège.

— Oui, Éminence.

— Et ils l'adorent?

— Dans tous leurs temples, répond le père Pablo.

Sepúlveda continue :

— Des temples qui dégagent une affreuse odeur de charnier. Oui, voici les gargouilles devant lesquelles ils se prosternent, devant lesquelles les prêtres, si on peut employer ce mot, ouvraient la poitrine d'hommes vivants d'un coup de couteau en pierre et y plongeaient la main pour arracher leur cœur saignant!

Le cardinal s'apprête à descendre de l'estrade pour voir la sculpture d'un peu plus près. Le supérieur du couvent se précipite, au moment où le légat met le pied sur les marches.

— Attention, Éminence, la marche...

Le cardinal franchit avec prudence le passage dangereux. Suivi par le supérieur et par le comte Pittaluga, il s'approche du serpent à plumes. Il le regarde attentivement, un assez long moment, avant de constater :

— C'est en effet très laid.

A l'exception de Las Casas tous les assistants, comme s'ils n'attendaient qu'un signal pour parler, s'empressent d'approuver le jugement du cardinal. A vrai dire aucun d'eux, par origine et par éducation, ne peut apprécier l'harmonie — barbare mais savante — qui se cache dans la sculpture aztèque. Tout leur répugne, la forme aussi bien que l'idée, et c'est avec sincérité qu'ils lui donnent, comme seul attribut, la laideur.

Pourquoi des artistes, sous d'autres cieux, auraient pris la laideur pour modèle ? Cette pensée ne peut pas leur venir. Leurs critères sont trop solides, trop anciennement établis. Tout ce qui n'y correspond pas sera rejeté.

— C'est affreux, dit le supérieur. C'est réellement repoussant.

Sepúlveda déclare qu'il ne saurait être question de comparer cette pierre grossièrement taillée, comme il la décrit, et dépourvue de tout sentiment noble, aux chefs-d'œuvre des Italiens et de Berruguete, le sculpteur espagnol le plus célèbre de ce temps. Ainsi le critère esthétique, unilatéralement défini, appuie la thèse de la hiérarchie naturelle. Le sauvage n'a pas le sens du beau. Esclave de naissance, l'accès à la beauté lui est par nature interdit. Quelle beauté ? Il n'en existe qu'une seule et c'est la nôtre, semblent répondre les commentateurs improvisés, dans la salle capitulaire; celle qui se conforme aux règles que nous avons depuis longtemps tracées. Entre le goût et la pensée, une mystérieuse corrélation s'est établie de longue date, qui repose sur un inébranlable syllogisme : l'homme supérieur apprécie la beauté véritable, par conséquent je suis un homme supérieur. Et personne depuis les Grecs ne peut trouver la moindre faille dans ce raisonnement en tout point vicieux.

Le légat, qui paraît très sincèrement étonné, demande à Las Casas :

— Et ils tiennent ceci pour de la belle sculpture ?

Las Casas est pris de court. Le coup théâtral de Sepúlveda l'embarrasse. Il pourrait répondre que les mots « belle sculpture » ne signifient probablement rien pour les habitants de là-bas, que la fonction même de l'art y est sans doute très différente (à supposer qu'il ait une fonction), sans parler des règles esthétiques, toujours relatives, variables. Mais il ne peut pas, étant l'homme qu'il est, échapper au raisonnement par analogie.

Depuis le début de la controverse il s'est efforcé, par tous les moyens, de rapprocher les indigènes des Espagnols. Il a insisté sur leurs ressemblances. La plus grande partie de son argumentation repose sur la similitude des uns et des autres. A chaque instant, il appelle les Indiens « nos frères ».

Il ne peut pas, devant l'énorme tête du serpent à plumes, changer subitement de position et passer à la différence. C'est pourquoi l'action spectaculaire de Sepúlveda, pour le moment, le déconcerte.

126

Il se retourne vers Ladrada, il cherche dans ses documents quelques dessins, tente de les faire circuler.

— Éminence, dit-il, ceci n'est qu'un exemple ! Un fragment, arraché d'un temple ! Pour juger clairement, il faudrait voir l'ensemble ! Regardez, ils font aussi des tissus très fins, ils connaissent divers procédés de teinture, ils peignent des fresques, ils façonnent des quantités de figurines en terre cuite...

Les religieux se passent rapidement les reproductions, de main en main, sans y attacher une vive attention.

— On ne peut pas comparer ce qui ne se compare pas ! Et ils façonnent admirablement des pierres dures, rappelez-vous ce qu'écrivait Cortés ! Oui, ils sont de très véritables artistes ! Leurs pyramides sont tout aussi massives que celles d'Égypte ! Et plus variées ! Et mieux ornées ! Et leur musique est très intéressante ! Pleine de charme, même pour nous ! Et ce n'est pas tout ! Avec les plumes d'oiseau, par exemple, qui pour eux sont une passion, ils...

Le cardinal lève la main d'un geste autoritaire, fermant ainsi la bouche au dominicain, et déclare, presque souriant :

— Nous allons nous arrêter aux plumes, frère Bartolomé. Vous vous êtes très échauffé, vous avez besoin de quelque repos. Moi-même, je le sens, il me faut réfléchir. Nous reprendrons la dispute demain matin.

Inutile de protester. On devine dans l'assistance des soupirs de satisfaction. Ce fut une longue journée.

Le légat s'agenouille alors sur un prie-Dieu. Tous l'imitent et font le silence. D'une voix redevenue grave, le prélat dit en joignant ses mains gantées de soie blanche :

— Prions un moment ensemble avant de nous séparer.

Il baisse la tête, entame un autre psaume.

Le murmure latin remplit de nouveau les pierres de la grande salle.

9

Un moment plus tard, tandis que le dominicain achève de rassembler ses documents, les autres sortent.

Ils se dispersent dans le cloître, que les novices viennent d'arroser. La senteur du buis mouillé pénètre l'air du soir, encore très chaud. Le cardinal se dirige vers l'appartement qu'il occupe depuis le début de la controverse.

Soudain sonne une cloche, à une heure inhabituelle. A l'intérieur des bâtiments on entend des cris, puis des bruits de bottes qui courent. Les deux cavaliers, dissimulés depuis leur arrivée — et nourris en cachette par un cuisinier soudoyé —, apparaissent au bas d'un escalier, poursuivis par deux moines qui leur crient d'arrêter.

Les deux hommes, à la vue du légat et des autres participants à la rencontre, font brutalement demi-tour. Ils se heurtent aux moines, qui tentent de les maintenir, tandis que retentit l'alarme.

Grand désordre dans tout le cloître. D'autres moines accourent, nullement effarouchés par les armes des cavaliers. Assez vite, les intrus se voient encerclés. Toute sortie leur est barrée.

Plus loin, des ouvriers travaillent à la restauration d'une colonne. Alertés par le tumulte, ils s'interrompent un instant pour regarder ce qui se passe. Un de ces ouvriers est l'Africain qui aidait à pousser le serpent à plumes, sur le chariot. Sans doute est-il attaché au couvent, homme à tout faire, pour le moment en tout cas. Il ne semble pas comprendre ce qui se passe.

L'un des deux cavaliers met la main à la poignée de son épée, comme s'il voulait la tirer. L'autre — celui qui s'appelle Ramón — lui saisit le bras, bloque son geste. Pas de ça ici.

Assez furibond, car cet incident risque de nuire gravement à la bonne réputation du monastère, le supérieur s'approche. Il leur demande qui ils sont, et ce qu'ils font dans le couvent.

Un moment, ils hésitent à répondre. Étrange situation : deux hommes d'armes entourés de moines, observés par un cardinal. Ramón, qui semble avoir quelque autorité sur son compagnon, finit par avouer qu'ils viennent des terres nouvelles.

— D'où exactement ?

— Du Mexique. Nous vivons là-bas.

Ils racontent en peu de mots comment, en apprenant la préparation du grand débat (grâce à leur évêque), ils ont réuni l'argent et pris le bateau. Ils disent aussi leurs noms, Ramón et Gustavo, et l'emplacement de leurs terres. Ramón montre la lettre donnée par l'évêque de Puebla. Le supérieur la prend et commence à la lire, dans la première obscurité du soir.

Le cardinal Roncieri, qui s'est approché pas à pas pendant ce temps-là, écarte de la main les moines et s'adresse directement aux cavaliers :

— Vous avez des fermes, là-bas ? Vous les exploitez personnellement ?

Ils répondent ensemble :

— Oui, Éminence.

— Des mines aussi ?

Ramón répond seul :

— Oui, Éminence. Quelques mines. Avec d'autres propriétaires.

— Et vous en arrivez directement ?

— Il y a cinq jours.

Le légat réfléchit un instant et dit tout à coup :

— Venez me voir un instant. Venez.

Il se met en marche et leur fait signe de le suivre. Ils hésitent avant d'obéir. Le supérieur et les autres moines sont certainement très étonnés. Mais l'acte d'autorité du cardinal ne peut en aucune manière se discuter, si singulier, si dangereux même qu'il apparaisse.

La charrette, celle qui transporte la guérite en bois, a été rangée de l'autre côté du cloître, sous les arcades. Au passage le supérieur la remarque soudain, pour la première fois. Surpris, il se retourne vers un des moines qui l'accompagnent et lui demande :

— Mais qu'est-ce que ça fait là, ça ? Qu'est-ce que c'est ?

Le moine paraît avoir quelque peine à répondre, par ignorance sans doute, mais le cardinal Roncieri lui-même, par-dessus son épaule, dit au supérieur :

— Ce n'est rien, c'est à moi, ne vous occupez pas de ça.

Mille questions se pressent entre les lèvres du supérieur, mais elles y restent. Les ordres d'un cardinal, légat du pape par-dessus le marché, ont une force décidément particulière. Quelque curiosité qui le mange, le supérieur choisit de rester dans l'incertitude, avec sa surprise et sa dignité.

Sans même un regard pour la charrette, il suit le cardinal et les deux cavaliers. Ils disparaissent dans l'ombre du cloître. On entend s'ouvrir une porte.

La cloche cesse de sonner.

Les autres moines, lentement, commencent à déambuler par petits groupes dans le cloître, en attendant le repas du soir, qui sera servi dans une demi-heure, après quoi viendra la prière. Certains égrènent leur rosaire, d'autres méditent, deux ou trois sont assis.

Le plus jeune, celui qui dans la salle manie le claquoir, se tient à l'écart. Fixement, il regarde la charrette.

S'il voulait s'approcher, par une des fentes pratiquées dans les parois de la guérite, il verrait briller deux yeux sombres, deux yeux humains, qui regardent la nuit descendre sur le cloître.

Pour le séjour du légat — une semaine, dix jours au plus — on n'a pas hésité à démolir une cloison, à installer des meubles qu'on a fait venir des appartements royaux, des tapisseries, des tableaux de la vie des saints, tout un luxe parfaitement inhabituel dans ce couvent-là. On a mis des draps fins dans le lit, avec par en dessous un beau pot de chambre en faïence.

Sur une des tables de son logement — auquel le cardinal, sans un mot de remerciement, n'a prêté qu'une attention furtive, ne s'intéressant qu'à la bonne place des caisses de livres et de pages écrites qu'il apporta lui-même de Rome — se trouvent en permanence du jambon *serrano,* du pain, du fromage *manchego,* des olives, du vin. Ses repas proprement dits sont préparés à sa demande, dans une cuisine particulière. Le plus souvent il mange seul, ou avec un prêtre de son entourage.

Le soir, le cardinal aime la solitude. Il se rappelle les moments forts de la discussion de ce jour-là, les raisonnements des uns et des autres. S'efforçant au calme intérieur, il essaie de voir les faiblesses, les affirmations précipitées, les habiletés et les tromperies. Il a une longue habitude de tous les pièges de l'esprit, même du sien.

Les deux cavaliers ont enlevé leurs chapeaux. Ils restent debout non loin de la porte. Le cardinal achève de lire la lettre de l'évêque, sans ajouter un commentaire, sans qu'on puisse deviner sur son visage un seul mouvement de sa pensée. Puis il dit aux deux hommes :

— J'imagine que vous vous inquiétez pour l'avenir de vos exploitations ?

Comme ils ne répondent que d'un geste flou, il ajoute :

— Pour vos revenus, autrement dit. C'est pour ça que vous êtes ici ? On ne traverse pas un océan par pure et simple curiosité.

Ils sont obligés de l'admettre.

Le cardinal, qui a ôté ses gants, saisit une olive noire entre deux doigts. Il la glisse entre ses lèvres, précautionneusement, comme s'il s'attachait à en saisir le goût.

— C'est normal, dit-il, c'est humain. Toutes les créatures vivant sur cette terre pourraient vous comprendre. D'ailleurs, si Dieu a placé l'or autour de nous, c'est bien pour que nous le trouvions.

Le ton est celui du bon sens, de la pure et simple évidence.

Les deux hommes, qui commencent à se rassurer, hochent — mais sans excès — la tête. Ils sont évidemment d'accord.

— Et pour que nous l'utilisions, ajoute le prélat. L'or se trouvait déjà dans le paradis terrestre. Nous n'avons, sur ce point, aucun doute. A vrai dire, il y était bien caché.

Il avale la chair de l'olive et se débarrasse du noyau. Comme pour lui-même, il remarque :

— Tout a un sens dans la création. Nous le savons bien. Mais quel sens ?

Pris au dépourvu, car la question paraissait s'adresser à eux, les deux cavaliers se gardent de toute réponse. Démêler l'énigme des choses, ce n'est pas vraiment leur affaire. Il y a des cardinaux pour ça.

Le légat lève un doigt et déclare alors, soudain sévère :

— Mais ne croyez surtout pas que Rome ne soit pas informée de ce qui se passe là-bas. Nous avons envoyé des émissaires secrets, nous avons leurs rapports précis.

Les deux hommes n'en doutent pas une seconde. Le premier, Ramón, celui dont le tempérament paraît avoir le moins d'agitation, se hasarde à dire au prélat :

— Éminence, notre situation n'est pas facile.

Le cardinal ne répond rien, ce qui signifie très précisément que l'autre a le droit de parler.

— D'ici, ajoute-t-il, on s'imagine que nous sommes très riches. Qu'il suffit d'arriver, de se mettre au travail, et que les gains sont immédiats. Et énormes. Mais c'est exactement le contraire, Éminence.

— Comment ça, le contraire ?

— Il a fallu faire de gros efforts pour mettre les terres en culture.

— Pourquoi? Elles n'étaient pas cultivées?

— Pas comme nous faisons, nous. Il a fallu labourer et ensemencer à notre manière. Et puis, le pays est dur et hostile. Le climat nous donne des fièvres, à cause des insectes.

— Moi, j'ai un frère qui y est mort, dit l'autre homme.

— Sans parler des serpents, des araignées mortelles, des millions de scorpions.

— Je sais tout ça, dit le cardinal. Les pays chauds sont plus dangereux que les autres.

— Il y a aussi que les Indiens n'aiment pas travailler pour nous. Ça aussi, c'est vrai. Ils essaient tout le temps de s'enfuir, il faut dresser des chiens pour les rattraper, puis les enfermer, leur faire comprendre... Alors quelquefois ils préfèrent mourir, c'est vrai aussi. Ils se laissent aller, ou bien ils se tuent, ils se jettent dans des ravins. Ça arrive. Mais il faut avouer que, pour eux, la vie d'un homme, ce n'est rien. Presque rien.

— On dirait qu'ils se tuent pour passer le temps, dit le second *encomendero*.

Ramón, de côté, lui adresse un regard rapide.

Phrase maladroite, sans aucun doute, et qui s'attire cette remarque du prélat :

— Je ne suis pas sûr que quand on est mort le temps passe plus vite.

C'était bel et bien une gaffe, que suivent un silence, une gêne. Ramón reprend la parole pour répéter la même chose : la vie n'intéresse pas les Indiens. C'est curieux, mais c'est comme ça. Qu'ils soient vivants ou morts, pour eux cela semble la même chose.

— Nous, naturellement, c'est vivants qu'on les préfère. Morts, ils ne servent plus à rien.

— Très peu de morts ont une utilité, dit le cardinal.

— Nous faisons tout ce que nous pouvons pour eux. Pour qu'ils se plaisent avec nous. Nous les soignons quand ils sont malades, nous organisons des spectacles, avec de la musique quand c'est possible. Et puis nous leur montrons nos outils, et même comment les fabriquer. Nous leur apprenons le castillan, et toute l'histoire d'Espagne, comment nous avons chassé les Maures.

— C'est bien, dit simplement le cardinal.

— Mais naturellement nous nous inquiétons. Moi, j'avais fait venir des moutons d'Espagne, la moitié sont morts et d'autres, on me les a volés. Nous sommes forcés d'être un peu durs, quelquefois, pas vrai ?

Il s'est adressé à Gustavo, son compagnon, qui approuve et répète le mot :

— Forcés.

— Si maintenant nos conditions doivent changer, reprend Ramón, si ce qu'on nous a dit au début n'est plus vrai...

Il s'interrompt car le cardinal vient de lever son doigt pour demander :

— Vous êtes de bons chrétiens ?

Réponse d'une même voix :

— Oui, certainement, Éminence.

— Vous vous confessez ? Vous recevez la communion ?

— Chaque semaine, Éminence. D'ailleurs Monseigneur l'évêque peut le certifier. Il doit le dire, dans sa lettre.

— Il le dit, en effet. Qu'est-ce qu'il fait pour les Indiens, cet évêque? Racontez-moi.

— Pour les Indiens?

— Oui. Il a organisé des cours de catéchisme?

Les deux hommes, pleins d'incertitude, se regardent.

— Je ne pourrais pas vous dire, Éminence, répond Ramón.

— Il se préoccupe des pauvres? Il pratique la charité? Il nourrit les familles indigentes, quelquefois?

Les deux hommes secouent la tête : ils ne savent pas. A moins que, par simple prudence, ils évitent de parler de leur évêque. Multiples et obscurs, les détours de l'Église. Peut-être vaut-il mieux la discrétion et le silence. On a vu des accusations, parfois, retomber brutalement sur la tête du délateur, qui croyait bien faire.

Le cardinal les regarde assez longuement. Bien renseigné, il sait parfaitement que l'évêque de Puebla est un colonisateur affermi, vif adversaire de Las Casas. Mais il devine aussi la rétraction des deux hommes qu'il interroge. Inutile de pousser plus loin. S'ils ont été choisis parmi d'autres, ils doivent savoir tenir leur langue dans un cas pareil. D'un évêque, on ne médit point.

Aussi reprend-il sur un ton plus conventionnel :

— Puisque vous êtes de bons chrétiens, tous les deux, vous devez donner votre confiance à l'Église. Car elle ne fait rien à la légère, vous devez le savoir, et quoi qu'elle décide elle a raison. Vous m'écoutez? Elle a toujours raison. Dieu l'assiste. Elle ne peut pas se tromper.

Les deux hommes hochent la tête. Sont-ils convaincus? On ne pourrait pas l'affirmer. Rien ne leur a été dit qui puisse les rassurer. Le cardinal n'a montré aucune sympathie particulière, n'a donné aucun signe optimiste. Ses intentions, si déjà elles se dessinent à ses propres yeux, restent rigoureusement secrètes. L'autorité qui se dégage de son attitude, de ses habits, du décor qui l'entoure, tout l'aide à se dissimuler, comme une belle carapace. Sa fonction le protège et l'empêche de se trahir.

— Par conséquent, ajoute-t-il, quelle que soit la décision de l'Église, qui est notre mère, vous devrez montrer votre obéissance. Vous me comprenez?

— Oui, Éminence.

— Retirez-vous.

Les deux hommes s'inclinent et se retournent vers la porte, toute proche. Au moment où déjà ils sortent, ils entendent la voix du prélat qui leur dit :

— Demain, si vous le désirez, vous pourrez assister à la controverse.

Ils marquent une vraie surprise. Pourquoi cette soudaine décision? Serait-ce une indication favorable?

— Allez coucher en ville et revenez demain, ajoute le cardinal. On vous laissera entrer, sans même avoir à débourser. Mais vous devez me promettre la politesse dans vos manières, et la plus grande dévotion.

Ils promettent tout ce qu'on veut, s'inclinent encore et se retirent.

Resté seul avec le légat, le supérieur manifeste son inquiétude. Ces deux hommes sont-ils vraiment recommandables? Leur éducation chrétienne ne paraît pas très assurée. Parfois, ils ont des attitudes de ruffians. N'y a-t-il pas quelque imprudence à les admettre à la dispute?

— Dieu parle par toutes les voix, répond le cardinal. C'est à nous de les écouter.

Sans insister, comprenant qu'il y a là quelque intention secrète, le supérieur s'enquiert des aises de son hôte. Celui-ci lui répond que tout va pour le mieux : bon logis, bonne nourriture. Ils sentent l'un et l'autre que les détails matériels sont ici de peu d'importance, tels que le bien-être personnel, le bouquet du vin, la toile des draps. La question à laquelle ils doivent répondre dépasse de très loin toutes ces contingences. L'écho en retentira pendant des dizaines d'années; pendant des siècles possiblement. Dieu ne peut pas les laisser se tromper.

Le cardinal a de l'eau pour la nuit et quelques figues cueillies l'après-midi. Il ne désire rien d'autre. Le supérieur lui souhaite un excellent repos et sort. Il voudrait refermer la porte, mais le comte Pittaluga est là, désireux de présenter ses salutations au représentant du pape.

Depuis le début de la discussion, le comte s'est assez peu manifesté. Par moments, il bâille derrière sa main gantée de gris. On pourrait se demander s'il écoute ou s'il rêvasse, indifférent, à ses affaires particulières. C'est un homme aux vêtements sombres, assez élégant. Sa barbe est taillée selon les exigences de la nouvelle mode. On sait qu'il est marié et qu'il a trois enfants. Probablement très riche.

Sous cette allure d'indifférence, le cardinal a cru cependant remarquer une attitude plus complexe. Depuis une vingtaine d'années, le rôle que joue la couronne d'Espagne n'est pas des plus limpides. Il montre même une réelle ambiguïté. A l'égard des Indiens du Nouveau Monde, Charles Quint s'interroge et se préoccupe. Il a reçu Las Casas, il a demandé des lois nouvelles. Il a nommé plusieurs commissions de théologiens et prétendu réglementer le droit de conquête — sans vrai succès. En revanche, il n'a jamais fait le voyage, renonçant à poser l'empreinte de son pied sur le continent que Dieu lui offrit. Par mépris? Par méconnaissance?

Perpétuellement en lutte avec les Français et les Turcs — qui ont fait alliance pour l'enserrer —, voyant vaciller et s'abattre, à l'âge de cinquante ans, son rêve de monarchie chrétienne universelle, il ne cache pas toujours ses hésitations. Des rumeurs étranges circulent, disant qu'il songerait à abandonner le pouvoir royal au profit de son fils Philippe. On le dit souvent frappé par des remords, par des migraines. Monarque d'un empire excessif, il avoue quelquefois que la tâche lui porte peine.

Le cardinal n'est pas homme à ignorer que chaque faiblesse d'un grand homme est une porte ouverte où se précipitent les ambitions. Des pressions de toutes sortes s'exercent chaque jour, de diverses manières — de la famille au confesseur. Il ne fait aucun doute que les représentants des grands *encomenderos* ont su trouver le très précieux chemin qui mène à l'oreille du roi.

Apparemment le comte Pittaluga n'a rien à dire que bonsoir, avec révérence et du bout des lèvres. Il s'inquiète pourtant de la journée du cardinal, et d'une fatigue possible. Debout et silencieux, tandis que le cardinal le rassure, peut-être espère-t-il une confidence? Peut-être a-t-il comme mission de savoir de quel côté vacille la pensée du légat.

— Pensez-vous que nous finirons demain? demande-t-il.

— Pourquoi?

— J'ai une chasse organisée.

— Je ne peux pas vous répondre ce soir, dit le cardinal. Cela dépendra de tant de choses. A votre place, je ferais patienter le gibier.

— C'est une chasse que j'organise chaque année à la même date. Il y a deux ans, le roi est venu en personne.

— Monsieur le comte, je ne sais pas quelle impression vous avez de notre débat, ni quelle est ce soir votre conviction. La mienne n'est pas encore claire, et je ne voudrais pas me tromper. Si votre présence à la chasse est indispensable, nous essaierons de nous passer de vous. En aucun cas nous ne nous hâterons.

— Je comprends.

— Dites au roi, si vous le rencontrez, que j'ai prié pour lui.

— Je le lui dirai.

— Et dormez bien, mon fils, dormez en paix.

Suit une rapide bénédiction. Le comte se signe et se retire. Il n'en saura pas davantage.

Lorsque la porte est refermée, le visage du cardinal paraît se délivrer d'un masque. Ses traits se détendent, il soupire, il se passe la langue sur les lèvres. Un jeune moine de service lui apporte un chandelier, qui transforme les ombres de la pièce. On voit briller l'or fin des cadres. Le moine propose au prélat de l'aider à se déshabiller. C'est un refus.

Le moine se retire en emportant le pot de chambre, qu'il viendra remettre en place un moment plus tard, vide et propre. Il se déplace presque sans bruit. On dirait une étoffe qui bouge.

Le cardinal pose l'un de ses coudes sur la table qui est devant lui. Sa main se plie et accueille son visage pensif. Il abaisse à demi ses paupières. Voici le moment qu'il préfère.

Dans une cellule du même couvent, Las Casas et son compagnon Ladrada sont en train de dîner d'un bol de soupe (avec fromage et viande) et d'un morceau de pain.

Sur la table de la cellule, ils ont étalé des notes et des dessins, qu'ils remettent en ordre. Ils travaillent, sans pouvoir dire à ce moment-là de quel côté se situe l'avantage. Jusqu'à l'entrée du serpent à plumes, Las Casas n'avait rien remarqué d'inattendu dans la tactique de son adversaire. De son côté il a l'impression d'avoir bien plaidé, avec vigueur et conviction, sachant parfaitement que rien n'est terminé.

Une fois de plus, il reprend un des tomes des écrits des pères de l'Église, où des signets marquent telle ou telle page. Avec l'aide de Ladrada, il vérifie des citations.

Dans la nuit, par la fenêtre ouverte, les deux hommes entendent sonner une des cloches du couvent. Ils se signent et se recueillent. Ladrada bâille, puis il se remet au travail.

A cette même heure, la grande salle capitulaire est vide. Des faisceaux assez doux de lumière lunaire entrent par les hautes fenêtres.

La lumière tombe sur la gueule dentée du serpent à plumes, qui passe la nuit entre une statue de la Vierge à l'enfant et le tombeau d'un archevêque — lequel est pour longtemps étendu dans le marbre, les mains jointes, ses yeux morts vers le ciel.

La lumière de la lune semble jouer sur les formes barbares, sur les dents, les yeux ronds et les plumes de pierre.

Sous les arcades du cloître, la charrette et la guérite attendent aussi le lever du jour.

Rien ne bouge. La cloche cesse de sonner. La nuit fait silence.

A l'intérieur de la guérite, on entend comme un bruit de paille, et quelqu'un tousse.

10

Au matin du jour suivant, tous les participants trouvent à leur place une dizaine de feuilles manuscrites, déposées par Sepúlveda et ses assistants. Ces feuillets portent un titre : *Douze objections*. Ils ont été copiés pendant la nuit, distribués dès l'aube.

La première heure de la matinée, juste après la prière, est employée à la lecture. Chacun retrouve certains des arguments entendus dans les jours précédents. Quelques exemples les appuient. En affirmant qu'il appartient aux prélats, et surtout au pape, d'encourager les princes à se lancer dans des guerres justes, Sepúlveda cite le pape Adrien, qui poussa Charlemagne à combattre les Lombards hérétiques ; il remonte même jusqu'à la Bible, jusqu'au chapitre 12 du Deutéronome, où Dieu prescrit très clairement de détruire les temples des païens, de briser leurs statues et idoles. Il y ajoute l'exemple fameux de Sodome et Gomorrhe, où Dieu n'hésita pas à lancer le grand feu du ciel pour anéantir les impies. Il cite aussi le Lévitique et d'autres textes de docteurs de la foi.

Fort de ces références, il affirme que si, au cours d'une guerre juste, des innocents sont tués, il s'agit là d'un événement accidentel, dont on ne peut faire aucun reproche aux princes et aux capitaines, qui ont le droit mais aussi le devoir de renverser les idolâtres.

Toute l'argumentation de Sepúlveda s'articule autour de principes simples : les Indiens sont de grands pécheurs, fornicateurs et cannibales. Leur intelligence est grossière et leur sens artistique nul, ce qui les destine à la soumission, puisqu'ils sont des esclaves-nés. Ils se sacrifient et se massacrent les uns les autres, ce qui donne aux nations chrétiennes une forte raison d'intervenir, pour sauver des vies.

Enfin, comme le but suprême est l'évangélisation, il est clair (et prouvé) qu'une conquête militaire préalable rend les conversions plus faciles. Tous les conquérants victorieux pourraient en parler d'expérience. Les dieux qui voyagent à l'aise sont les dieux vainqueurs.

Après une heure de lecture et de consultations particulières, Las Casas lève la main. Il demande à répondre, en précisant qu'il peut énoncer immédiatement douze répliques en réponse aux douze objections.

Le cardinal ne semble pas pressé de lui accorder la parole.

— Ce n'est pas le moment, dit-il. Nous n'allons pas nous relancer sur un chemin déjà parcouru. Allons plutôt de l'avant. J'ai quelque chose à vous annoncer et à vous montrer.

Tous font silence. Deux nouveaux personnages sont là, assis sur un banc, les deux colons, que le légat a invités. Depuis une heure, certains des moines, qui reconnaissent les intrus de la veille, les regardent avec curiosité. Bien entendu, on ne pose aucune question. Ce n'est pas l'usage.

Le serpent à plumes a été poussé contre un mur, mais on ne l'a pas rebâché.

Tous attendent la déclaration annoncée par Roncieri. Quand il sent le moment propice, et l'attente bien mûre, il dit avec une sorte de sourire :

— Hier, le professeur Sepúlveda nous a gratifiés d'un joli coup de théâtre en produisant son serpent à plumes. Il a obtenu son effet. Aujourd'hui c'est à mon tour de vous présenter ma surprise.

Tous retiennent leur souffle. Une surprise de la part du cardinal ? Qui pouvait la prévoir ? Quelle annonce singulière, quelle extravagance ! Comme on le dirait (presque) en espagnol, quel *disparate* !

— Oui, reprend le prélat, il est bien vrai que je n'ai jamais traversé le grand océan et qu'il est bien tard pour que je m'y risque. Je crois qu'il en va de même pour le plus grand nombre d'entre vous. Nous devons nous contenter de récits et de quelques images. Ce n'est certainement pas suffisant, je le sais bien. Aussi me suis-je longuement demandé quel serait le meilleur moyen, dans ces conditions, pour décider en conscience. Je crois en avoir trouvé un.

Il se permet une petite pause, tout à fait conscient d'une anxiété dans l'assistance.

— J'ai finalement choisi de faire venir ici, en Espagne, quelques spécimens de cette espèce indienne. Il m'a semblé que, les ayant sous les yeux, nous serions plus à l'aise pour les examiner longuement et voir s'ils sont, ou ne sont pas, semblables à nous. J'espère que vous approuverez ma décision.

Cette dernière phrase n'est là que pour la forme, car il est évident pour tous que la décision du cardinal ne saurait être discutée, à plus forte raison désapprouvée ; et cela d'autant plus que certains se disent déjà, sans en parler à leurs voisins, que cette surprise (considérable) n'est pas le fait du cardinal lui-même, du cardinal seul, mais qu'elle fut probablement décidée à Rome, dans les réunions secrètes du Sacré Collège, peut-être par le pape lui-même.

Le légat fait un signe à un de ses assesseurs et lui demande qu'on fasse entrer les nouveaux venus.

Suivi par tous les regards, l'assesseur se lève et se dirige vers la porte principale. Il doit pour cela parcourir toute la longueur de la grande salle, ce qu'il fait à pas mesurés.

La curiosité qui anime l'assistance est alors extrêmement vive. Même si la venue de quelques Indiens en Europe n'est pas un fait nouveau, ni même rare, la plupart de ces moines, de ces théologiens, à l'abri derrière les murs des monastères, n'ont jamais vu de près une de ces créatures discutables sur lesquelles ont couru tant de légendes folles.

— Éminence, demande Las Casas tandis que le jeune moine, sur ordre de l'assesseur, ouvre la porte, Éminence, vous avez envoyé une mission là-bas ?

— Oui, répond le cardinal. Ça m'a pris des mois.

Il n'en dira pas plus.

La porte est maintenant ouverte.

Conduits par l'assesseur, hésitants, apeurés, quelques personnages de l'autre monde apparaissent. Il y a là un homme qui tient sous le bras une espèce de tube en bois coloré, de quatre-vingts centimètres de long, et un autre homme qui s'avance avec une jeune femme et un enfant de trois ou quatre ans, qu'elle porte dans ses bras. Ces trois-là forment à l'évidence une famille.

Ils sont tous en vêtements traditionnels, avec des plumes aux chevilles et dans les cheveux, des chaussures à lanières et des pièces de tissu qui les enve-loppent, attachées sur l'épaule, et laissent voir une partie de leur corps.

L'assesseur les conduit jusqu'au milieu de la salle, où ils se tiennent debout. La femme tousse légère-ment. Elle tient son enfant contre elle, en le couvrant de son mieux. Son visage est creusé et ses yeux s'entourent de cernes sombres.

Celui qui porte le tube en bois regarde à droite et à gauche en souriant, comme pour se concilier déjà les personnages qui sont là. Il est petit de taille, avec des jambes musclées, mais on remarque son ventre, sen-siblement arrondi. Il a quelque chose de comique et de fatigué dans le visage.

Les deux autres, qui forment un couple, sont graves. Ils semblent n'éprouver aucune peur, aucune appréhension. Au terme d'un voyage qu'on imagine difficile et qui se termina dans la paille de la guérite, sur le chariot, ils paraissent avoir atteint une espèce d'indifférence.

— J'ai demandé cinq individus, dit le légat, car je voulais avoir deux femmes. Malheureusement, l'autre est morte sur le bateau. Que Dieu veuille bien accep-ter son âme, s'il le juge bon.

— *Amen,* prononce Las Casas du bout des lèvres, en inclinant la tête.

Le légat fouille dans ses notes et dit encore :

— Apparemment nous avons ici un homme seul, qui d'ailleurs est en Espagne depuis quelques mois...

Il lève les yeux vers l'Indien qui tient le tube en bois. Devinant qu'on parle de lui, l'homme fait une sorte de révérence assez grotesque, en souriant plus largement encore.

— Il s'agit d'une espèce d'acrobate, je crois. Il vient de Cádiz.

Le cardinal regarde toujours ses notes, avec l'aide d'un assesseur. Il lève les yeux sur l'homme et la femme du couple, qui le regardent eux aussi, ayant immédiatement perçu que, dans ce lieu nouveau, toute l'autorité se situe dans ce petit individu vêtu de rouge.

— Et puis, dit-il, nous avons une famille, le père, la mère et un enfant. Un petit garçon.

Il fronce les sourcils, fait un effort, renonce.

— Leur nom est trop compliqué, je ne peux pas le lire, d'ailleurs ça n'a pas d'importance. Ils arrivent directement de la cité de Mexico. Nous allons donc, aussi longuement que nous le désirerons, les examiner avec des yeux sans préjugés. Nous pourrons leur poser des questions et faire sur eux quelques expériences. Je le répète : sans partialité. Nous essaierons de voir honnêtement de quelle manière ils réagissent, afin de conclure dans la vérité.

Il s'adresse au franciscain :

— Vous connaissez leur langue, je crois ?

— Oui Éminence, dans les grandes lignes.

— Dites précisément.

— Le nahuatl est un idiome très particulier, Éminence. Il utilise des sonorités étranges, presque musicales, qui peuvent parfois transformer le sens. Il n'a pas la même logique et construction que le castillan, ou le latin. Certains disent même que cette langue renferme une sorte de signification secrète, due à...

Le cardinal lève la main, interrompant sèchement la leçon de linguistique que le père Pablo s'apprêtait peut-être à délivrer.

— Vous pouvez comprendre les choses simples ? Les actes quotidiens ? Les affirmations et les négations ?

— Oui, Éminence.

— Allez vous placer à leur côté. Vous nous servirez d'interprète.

Le franciscain quitte son siège et va rejoindre les Indiens.

Un des moines, un des plus âgés, lève la main. Le cardinal lui donne la parole. L'homme se lève assez péniblement, en s'agrippant au dossier de sa stalle, et demande :

— Du point de vue physique et corporel, sont-ils exactement semblables à nous ?

— J'avais prévu cette question.

Le cardinal brandit un assez gros paquet de feuilles écrites.

— J'ai demandé à un groupe de médecins de me faire un rapport sur leur constitution physique. Je ne parle pas spécifiquement de ces quatre-ci, qui n'ont été examinés que rapidement, je parle en général. Le rapport décrit vingt-sept Indiens, provenant du Pérou, du Mexique et du Guatemala. Hommes et femmes. Je constate que les conclusions sont précises et identiques. Leur constitution physique est en tout point semblable à la nôtre, ils ont le même nombre d'orteils et de dents, ils distinguent les mêmes couleurs, les mêmes odeurs, leurs cheveux et leurs ongles poussent à la même vitesse que les nôtres. Il y a cependant une exception : les hommes n'ont pas de barbe et presque pas de poils sur le corps.

— Cela fut remarqué dès les premiers contacts, dit Las Casas.

— Je sais bien, reprend le prélat, mais j'ai fait vérifier tout de même. Je répète que l'affaire qui nous occupe est des plus sérieuses.

— Ils n'ont donc pas de barbe ? demande le supérieur, qui apparemment ne le savait pas.

— Ils en ont quelquefois, mais c'est exceptionnel, répond Las Casas. Et elle est très éparse.

— Est-ce que cela nous donne une indication sur leur vraie nature ? dit à son tour un autre moine, qui n'a pas oublié de lever la main.

— Je me le suis demandé, répond le légat. Mais je n'ai rien trouvé dans les Écritures qui dise qu'un homme créé par Dieu à son image doit nécessairement posséder une barbe. Quelqu'un se souviendrait-il d'une phrase ?

Toutes ces têtes pâles et chauves, qui entassèrent tant d'années dans les poussières de leurs livres, fouillent dans leurs vieilles mémoires à la recherche d'une phrase oubliée. Ils ne trouvent rien.

— Personne ? demande le cardinal.

Personne.

— L'absence de barbe et de poils sur le corps ne nous donne donc aucune indication sérieuse. C'est précisément ce que je pensais. Je voudrais aussi bien établir un point. Est-ce que leurs femelles peuvent être fécondées par les Portugais et les Espagnols ?

— Elles peuvent l'être, répond Las Casas.

— C'est sûr ?

— C'est bien sûr, Éminence.

— Le cas s'est produit ?

— Il s'est produit à maintes reprises, depuis les tout premiers débarquements. Des milliers de femmes ont été violées sous la menace de nos armes. Alors que nous avions pour mission de leur apporter l'Évangile.

— Violées et fécondées? dit le cardinal.

— Assurément, Éminence. Beaucoup d'entre elles.

— Je vous pose cette question parce qu'on a raconté que des femelles de chimpanzés, en Afrique, avaient été engrossées par des matelots portugais. Et renseignement pris, c'était pure invention.

Le dominicain ne fait aucune remarque à cette anecdote, que le cardinal vient de dire avec une apparence de sérieux. Las Casas connaît tous ces racontars. Il sait aussi — pour en être lui-même, à certains moments, la victime — que la connaissance humaine navigue encore au hasard dans une brume, que les frontières de la réalité forment des lignes imprécises. Nombreuses, dans le Nouveau Monde, furent les histoires, mirobolantes ou monstrueuses, qu'on raconta sur les accouplements, sur la chaleur extrême des vulves indigènes, sur des femmes donnant naissance à des crocodiles, à des perroquets, et sur des démons jaillis tout armés de ventres puants. Toujours cette triste horreur de la guerre, qui doit déformer pour détruire.

Le cardinal hausse la voix, en s'adressant aux cavaliers :

— Vous, là-bas! Répondez! Les femmes indigènes peuvent être très normalement fécondées?

— Oui, Éminence, dit Ramón en se levant, son chapeau entre ses deux mains.

— Vous avez connu certains cas?

— Oui, Éminence.

— Les enfants qui naissent de ces unions sont viables et bien formés?

— Sauf exception, oui, Éminence.

— Je vous remercie.

Ramón se rassied.

Interrogé du regard, le franciscain, le père Pablo, donne lui aussi une réponse affirmative. Ce point paraît réglé.

— Nous pouvons maintenant procéder aux examens de la pensée et du sentiment, dit le légat. C'est ici le plus important.

Depuis que les Indiens sont entrés dans la salle, Las Casas n'a presque pas cessé de les regarder, comme s'il se préoccupait. Il s'approche même d'eux, il saisit le poignet de la femme et dit :

— Avant toute chose, Éminence, cet homme et cette femme ont froid.

— Froid ? Avec la chaleur que nous avons ?

— Oui, Éminence. Les nuits de la fin du mois d'août sont souvent fraîches, et ils n'ont que des vêtements légers. Ils ont dû voyager dans un fond de cale humide ou alors sur un coin du pont, exposés au vent et à la mer. Ils sont épuisés, ça se voit. Ils viennent d'un climat plus chaud que celui de Castille. Enfin leurs corps, comme les nôtres, sont soumis aux courants d'air, aux refroidissements. Regardez-les, ils tremblent, cette femme tousse, ils sont malades.

Celui qui tient le tube en bois saute d'un pied sur l'autre comme pour se réchauffer, ou se dégourdir. Les deux autres tremblent en effet, et la femme tousse, en écartant chaque fois sa bouche de l'enfant qu'elle tient serré.

— D'ailleurs, dit Las Casas avec tristesse, la plupart de ceux qu'on a transférés en Europe sont morts. Ils ne peuvent pas s'habituer à nous, à notre nourriture, au vin, à nos manières de vivre. Des maladies auxquelles nous sommes accoutumés les abattent en quelques jours.

Sepúlveda lève la main pour demander la parole. Las Casas se tourne vers lui, le devance :

— Oui, professeur, je sais ce que vous allez dire. Qu'ils sont par nature plus faibles que nous et que la main de Dieu les poursuit et les frappe. Éminence...

Il prend la femme par le poignet et la fait avancer de deux ou trois pas vers l'estrade.

— S'il en est ainsi, voici donc visible l'œuvre de Dieu. Voici une fièvre envoyée par Dieu. Une fièvre probablement mortelle.

Un moment de silence, que même Sepúlveda n'a pas l'intention de briser. Il hoche simplement la tête, comme s'il approuvait directement ce que Las Casas vient de dire.

Le légat casse le silence en s'adressant à l'un de ses assesseurs :

— Des couvertures.

L'assesseur se penche vers le jeune moine au claquoir, qui se tient assez près de l'estrade, et lui répète l'ordre du prélat. Qu'on apporte des couvertures.

Le jeune moine se lève et sort rapidement.

Las Casas, pendant ce temps, parle à voix basse aux Indiens. Avec les quelques mots qu'il connaît, il tente de les rassurer, de leur dire qu'ils n'ont rien à craindre, qu'ils auront chaud et qu'ils seront nourris.

Le légat lui demande s'il parle le dialecte des indigènes.

— A peine une centaine de mots.

Des mots recueillis au hasard, ici et là. Jamais il n'a pris le temps d'entreprendre sérieusement l'étude du nahuatl, comme certains franciscains le font. Dans les premiers temps de son installation, comme les autres, il estimait que le castillan devait naturellement s'imposer, il ne prêtait qu'une attention restreinte aux langages qu'il entendait et qui tous lui semblaient barbares. La seule langue devait être — Dieu le voulait — celle que parlaient les vainqueurs.

A mesure que les années passaient, il découvrait petit à petit que ce langage, tenu pour primitif et limité, parvenait à exprimer, à sa manière, non seulement les objets matériels les plus rares, les plus singuliers, mais aussi la subtilité des émotions, le chemin variable des sentiments. Il essaya de s'y initier, mais il était déjà trop tard. A cinquante ans il ne pouvait plus glisser un morceau de temps dans son existence. Il lui fallait assurer son sacerdoce dans le Chiapas, veiller au développement du territoire de la Vraie Paix (qui battait de l'aile), écrire sans cesse et se fatiguer la tête dans de lourds traités de théologie, où il cherchait des citations adroites pour soutenir les disputes futures.

Le cardinal lui demande s'il connaît personnellement ces Indiens-là. Non, il ne les connaît pas. Il a peu vécu à Tenochtitlan, chez les Aztèques.

— D'après leurs vêtements, dit le prélat, quelle place à votre avis occupaient-ils dans leur société ?

— C'est difficile à dire, répond le dominicain. Ils ne portent pas ces vêtements-là dans leurs occupations de tous les jours. Pour vous les envoyer, on leur a mis des vêtements de fête. D'ailleurs, de plus en plus, ils s'habillent partout comme nous.

— Parce qu'ils préfèrent nos habits ? demande Sepúlveda.

— Pas du tout. Parce qu'on les y force. Et puis vous savez bien qu'ils ont intérêt à nous imiter. On leur apprend cette imitation, on leur en décrit tous les avantages. Ceux qui résistent à nous copier, à parler, à manger et à s'habiller comme nous, on les tient à l'écart. Aucun travail ne leur est accordé. On les montre du doigt. Ils deviennent vite la risée de tous.

Sepúlveda lève la main. La parole lui est accordée.

— Cependant, dit-il doucement en s'adressant à Las Casas, vous avez utilisé comme un argument en leur faveur cette faculté de nous imiter. Ne l'oubliez pas. Vous avez affirmé qu'ils sont aussi aptes que nous à faire du latin par exemple, indiquant clairement, par là même, que vous considérez l'étude du latin comme un exercice supérieur de l'esprit.

— Sans doute, répond le dominicain.

— Dites-moi maintenant : pour quelle raison cette faculté purement imitative, que tous les témoins reconnaissent, serait-elle un signe d'intelligence quand il s'agit de la langue latine, et d'asservissement honteux quand on parle de vêtements ?

— Vous ne pouvez pas comparer l'intelligence de l'esprit et la faiblesse, bien compréhensible, de la volonté. Ces deux facultés sont distinctes. Il faut que vous vous abandonniez à un véritable abus de langage pour oser les mettre en parallèle ! Que peut-on penser de cette méthode, Éminence ?

Directement interpellé, le cardinal hésite. S'il voit bien — et approuve sans doute — la distinction du dominicain, il craint de se risquer dans un labyrinthe logique. Si la discussion va trop vite, il a tendance à lâcher prise. Il lui faut du temps, il le dit toujours. Aussi tergiverse-t-il avant de répondre.

Las Casas utilise cette pause pour relancer l'assaut, sur ce même terrain.

— Ne disiez-vous pas, demande-t-il à Sepúlveda, qu'ils ne sont capables que de nous imiter manuellement, vu qu'ils sont des esclaves-nés ?

156

— J'ai reconnu des exceptions, ceux qui précisément viennent à nous, font du latin, se convertissent.

— Ils sont nos semblables, je vous le répète, avec nos forces et nos débilités, avec nos humeurs et nos caprices. La seule différence est qu'au commencement ils nous accueillaient avec bienveillance, ils n'étaient pas dévorés par les démons, comme nos soldats.

Revenant à lui, le cardinal adresse à Las Casas une question qu'il imagine simple :

— A votre avis, depuis notre contact, ont-ils accompli des progrès ?

— Quels progrès ?

— Physiques et moraux.

— Ils ont été frappés à mort, je le répète. Il ne peut s'agir là d'un progrès. Leur empire a été dévasté, leur civilisation anéantie. Notre contact fut un désastre, probablement unique dans l'histoire de tous les temps. Un désastre physique et moral. Cependant, et je vous demande de me comprendre, car mes propositions ne sont en aucun cas contradictoires, pour ceux qui ont survécu, qui se sont accoutumés à notre présence, qui ont écouté nos leçons, ils ont accompli en peu de temps plus de progrès qu'aucune nation au monde. Cela est vrai particulièrement dans le domaine de la foi. Ces brebis perdues, ramenées au troupeau, ont souvent montré plus de flamme religieuse que ceux qui leur apportaient l'Évangile. Moi-même, à plusieurs reprises, ils m'ont surpris.

Le cardinal écoute avec une grande attention. Ses regards vont du moine aux Indiens, puis reviennent au moine. D'une certaine manière, il se sent là au cœur de la controverse. Aussi insiste-t-il :

— Selon vous, seigneur-évêque, tous les hommes sont semblables ?

— Oui, Éminence. En ce qui concerne la création de leur nature, et la parcelle de divinité qui s'y trouve, oui, sans aucun doute ils sont semblables.

— Les différences que nous voyons entre les races, et entre les individus, ne seraient donc que circonstances, hasard et mauvais partage de la fortune ?

— On peut le dire ainsi, répond Las Casas. A quoi viennent s'ajouter le climat, les richesses de la terre, la marche inégale des sociétés.

— Et la qualité des monarques ?

— Cela aussi. On assure qu'un bon roi peut changer son peuple. C'est vite dit. Mais la nature humaine, Éminence, et en ceci nous différons monsieur le professeur et moi, cette nature est essentiellement sociable. Par la vie commune elle peut s'éduquer et ainsi progresser vers la lumière, vers une vie meilleure dans ce monde, éternelle dans l'autre. Elle est pour ainsi dire en puissance de développement, ce qui nous distingue à jamais des bêtes. Si elle est bien enseignée, par des maîtres doux et patients, il n'est pas une nation au monde, si barbare et si inhumaine qu'elle apparaisse sur le moment, qui ne soit capable de s'ouvrir comme une fleur et de produire en abondance ce que j'appellerais des fruits d'humanité. Ces fruits sont les plus beaux dont on puisse rêver, très supérieurs à l'or et à l'argent. Ils s'appellent bonté, bon accord, charité, élan de l'esprit, amour du sublime.

— Et foi en Dieu, ajoute le prélat.

— Je crois que cette foi est la condition nécessaire. C'est pourquoi j'ai toujours soutenu que la pénétration des terres du ponant devait s'accomplir sans les armes, avec les seules forces de la religion révélée. Hélas, jamais on ne m'a écouté.

— Vous dites : toutes les nations ?

— Oui, je le dis et je le répète. Nous-mêmes, tout le monde ici le sait, nous fûmes bien pires au temps lointain de nos ancêtres. Et sur toute l'étendue de l'Europe. On a vu la déraison et la confusion des mœurs triompher partout. On a vu tous les peuples, aujourd'hui brillants de puissance, vivant dans le vice et dans les coutumes bestiales.

— Par moments, dit le prélat, on le voit encore.

Las Casas hoche la tête. Il lui a plu que le cardinal écoutât attentivement ce qu'il avait à déclarer sur ce point. Dans le regard et dans l'attitude du prélat il a cru sentir quelque sympathie — et comme un souvenir, encore frais, des pratiques pontificales sous les Borgia.

Roncieri se retourne vers Sepúlveda :

— Je suppose, professeur, que vous ne partagez pas cette opinion ?

— Je ne peux pas la partager, dit Sepúlveda. Les peuples ne se perfectionnent qu'en apparence, qu'en surface, et la nature humaine reste toujours la même. Croire qu'elle est destinée à s'améliorer est une illusion, toujours renaissante. Cette illusion permanente est elle-même un signe de permanence, de non-changement. On peut trouver généreuses les idées de mon adversaire. On ne peut pas les tenir pour justes.

— Dans cette nature, demande encore le légat, vous continuez à percevoir des degrés, des catégories ?

— Le plus clairement du monde, dit Sepúlveda. Je partage la même foi que mon adversaire, je crois être aussi pieux que lui et j'observe tous mes devoirs chrétiens. Mais cette fois ne va pas jusqu'à me fermer les paupières. Autour de moi, je vois le monde tel qu'il est.

— Et moi ? Comment est-ce que je le vois ? demande Las Casas.

— Comme vous rêveriez qu'il fût.

Le cardinal dit au franciscain de s'approcher du couple d'Indiens et de s'enquérir de leur identité.

Le frère Pablo, à voix basse, leur pose une question en nahuatl. L'homme répond dans la même langue, assez longuement. Une sorte de conversation s'établit.

Le cardinal déclare à l'assistance :

— Si certains désirent les examiner de plus près, libre à eux.

Quelques-uns se lèvent et s'approchent des Indiens. Pendant un moment ils tournent autour d'eux, les regardent de très près, tâtent l'étoffe de leurs vêtements et même touchent leur peau, les sentent — comme on ferait à un animal inconnu.

Ils échangent des remarques à voix basse.

Le franciscain répond au cardinal :

— Éminence, il dit être le fils d'un employé aux registres de l'empereur. A l'état civil, en quelque sorte. Ses parents sont morts. Il travaille aujourd'hui pour les Espagnols, à Mexico. Comme maçon.

— Il ne parle pas notre langue ?

— A peine quelques mots.

— Pourquoi ? Il n'a pas essayé d'apprendre ? Ou pas voulu ?

— Je ne sais pas, Éminence.

— Est-ce qu'il a entendu parler de la vraie foi ? Est-ce qu'il croit en Dieu ? Demandez-lui.

— Il a souvent entendu parler de notre foi. Très certainement.

— Demandez-lui. Je veux connaître sa réponse.

A voix basse, le frère Pablo s'adresse à l'Indien, qui lui répond assez brièvement — toujours observé de près par les autres.

Tous attendent la traduction du franciscain, qui traduit après un échange de plusieurs phrases :

— Il dit qu'il a entendu parler de Jésus-Christ. Mais il refuse de croire en sa divinité.

— On lui a parlé du Christ correctement ?

— Je pense, oui.

— Et il refuse de croire en Dieu ?

— Il dit qu'il reste fidèle aux dieux de ses ancêtres. Il les préfère.

Le cardinal montre du doigt le serpent à plumes.

— Il préfère ces horreurs-là ?

— Oui, Éminence.

— Mais pourquoi s'obstiner dans cette absurdité ? On leur a parlé ? On leur a expliqué ? On leur a raconté les miracles ?

— Très souvent, Éminence. Nous avons même soutenu des disputes.

— On leur a parlé de la Sainte Vierge ?

— Bien sûr. Chaque fois.

— Et quelle réaction ont-ils ?

— Le fait qu'elle donna naissance en gardant sa virginité ne semble pas les étonner. Je crois qu'une de leurs déesses fit de même, à ce qu'ils disent. En revanche, il est très difficile de leur expliquer l'opération de l'Esprit saint, et comment elle put concevoir un enfant de cette manière.

— C'est très difficile même pour nous, dit Las Casas.

— Certes, dit le cardinal, puisqu'il s'agit d'un mystère. Mais justement, leur a-t-on bien parlé de cette notion de mystère ?

— On leur en a parlé, Éminence.

— Leur a-t-on dit qu'il faut croire au mystère précisément parce qu'il est mystère ? Parce qu'il n'existe aucun moyen, pour l'esprit humain, de le pénétrer ? Et que par conséquent il est d'origine divine ? Leur a-t-on parlé longuement de ces questions très dures à pénétrer, qui sont pourtant au cœur de notre dogme ?

— Pour le moment, répond le franciscain, ils conservent leurs réticences. Il en est de même pour d'autres mystères, comme celui de la double nature du Christ. Comment peut-il être Dieu et homme ? Ils ne voient pas bien.

— Par faiblesse de leur pensée ?

— Je ne peux pas répondre. Je ne crois pas.

— Et l'eucharistie ? La présence réelle de Dieu dans une hostie ?

— Ils l'acceptent plus volontiers, Éminence. Ils n'y voient même pas un mystère.

Comme s'il était irrité, le cardinal s'adresse sèchement au supérieur :

— Qu'on aille chercher une masse de fer. Un gros marteau, oui, allez !

Le supérieur paraît évidemment surpris par cette demande. Le cardinal doit insister, montrer qu'il ne s'est pas trompé dans son langage. Le supérieur dit alors quelques phrases, à mi-voix, au moine qui se trouve auprès de lui. Le moine se lève et sort.

Le cardinal, cependant, n'a pas abandonné l'interrogatoire du franciscain. Il lui demande encore :

162

— Quand vous leur parlez, quand vous tâchez de les convaincre et qu'ils vous résistent, que vous offrent-ils comme arguments ?

— Ils disent : c'est la croyance de nos pères. On nous l'a apprise dès l'enfance et nous avons toujours vénéré ces dieux-là. C'était notre antique règle de vie. Nous ne voulons pas qu'elle soit détruite.

— Mais elle est détruite ! Ils le voient bien !

— Ils le voient, Éminence, mais ils veulent garder ce qu'ils peuvent garder.

— Que disent-ils quand certains de leurs frères se convertissent ?

— Je ne sais pas, Éminence. Dois-je leur poser la question ?

— Non, ce n'est pas la peine. Nous n'avons pas le temps. Mais comment expliquer cet étrange entêtement ? On leur a bien démontré que leurs dieux n'ont pas su les protéger ? Que leur religion est folle et sans force devant la nôtre ?

— On le leur a dit. Très souvent.

— Et que trouvent-ils à répondre ? Ils voient tout de même qu'ils sont vaincus ?

— Oui, sans aucun doute leur défaite les trouble, ils l'expliquent souvent par des raisons surnaturelles, la fameuse prophétie annonçant le retour du plus grand de leurs rois. Certains nous ont dit : Nous vous attendions. Mais cependant tous ne renoncent pas.

— Et notre prédication ?

— Elle les embarrasse. Sur certains points, comme je l'ai dit, elle les trouble, sur d'autres elle les choque. De toute manière elle les intrigue. Ils ont été bouleversés par notre venue, comme l'a raconté le seigneur-évêque, beaucoup plus profondément que nous ne l'avons été nous-mêmes. Ce qui est une preuve de l'intervention de Dieu à notre côté, j'en suis convaincu. Leur empereur a voulu se cacher, il a pris peur, comme s'il pressentait quelque action du Ciel. Il a envoyé des devins et des musiciens, qui naturellement se sont montrés débiles, qui n'ont rien pu nous opposer. Tout cela, ils ne l'ont pas oublié. Et pourtant quand nous leur parlons, quand nous leur racontons l'histoire sainte, et les miracles, et les mystères, ils ne se laissent pas tous convaincre. Le poids de leur passé est lourd. Ils pensaient que rien ne devait changer. C'était la base même de leur croyance. De là cette grande incertitude qui les conduit parfois, c'est vrai, au désespoir.

Las Casas ajoute :

— Ils disent : La parole des dieux est devenue obscure. Nous ne la comprenons plus.

— Oui, reprend le franciscain, ils sont avant tout frappés par le silence de leurs dieux. Pourquoi ce silence ? Pourquoi les messages de Tlaloc, dans les roulements du tonnerre, sont-ils devenus incompréhensibles ? Nos ancêtres pouvaient les lire. Pourquoi pas nous ?

— Qui est Tlaloc ? demande le légat.

— Un dieu de la pluie.

Le dominicain, qui fait un effort pour se souvenir, dit encore, son regard arrêté sur les Indiens :

— Ils se posent d'autres questions : Viendra-t-il quelqu'un pour rendre à nos dieux la parole ? Nous faudra-t-il rester longtemps dans ce silence ?

— Et ils meurent dans cette angoisse ?

— Certains, oui, se laissent mourir, car ils n'entendent plus leurs dieux parler.

— Plus rien ne sera jamais comme autrefois ? reprend Las Casas en regardant toujours les quatre Indiens. Le monde a-t-il changé une fois pour toutes ?

Le cycle du temps s'est-il brisé ? Devons-nous disparaître à jamais ? Ne laisser aucun souvenir ?

— Et cependant ils ne désirent pas changer de dieu ?

Le cardinal s'accroche à cette question, car pour lui elle est décisive. A ce moment, dans l'assistance, la plupart des esprits sont dans la confusion. Comment faut-il interpréter cette obstination — qui n'est pas générale — à refuser une conversion que tout semble imposer ? Pour un signe de barbarie, sans aucun espoir de progrès possible, comme l'a expliqué Sepúlveda ? Ou au contraire comme la marque d'un esprit fort et courageux, même s'il s'attache à des valeurs fausses ?

Las Casas défendrait plutôt la seconde thèse, encore qu'il hésite, à certains moments, tirant argument de l'éducation chrétienne bien reçue par certains indigènes pour montrer qu'ils sont en tout point nos semblables. Son argumentation, à l'inverse de la position très ferme de Sepúlveda, reste assez flottante. Son adversaire et le légat lui-même le lui firent plusieurs fois remarquer. Las Casas, qui parle par sentiment, fait en réalité flèche de tout bois. Il saute sur chaque occasion. Il lui arrive de se contredire — ce qui ici ne passe pas inaperçu.

Ainsi Sepúlveda demande au franciscain :

— Ils sont donc très entêtés à ne pas voir la vérité ?

Et Las Casas intervient aussitôt, avant même que frère Pablo puisse répondre :

— Mais non ! Pas tous ! Beaucoup sont déjà convertis, je l'ai dit, tout le monde le sait !

— Les rapports que j'ai sollicités de mon côté, dit Sepúlveda, mettent ces conversions en doute. Il s'agirait dans la plupart des cas d'une attitude commandée par les circonstances, afin d'échapper aux travaux pénibles, de...

Las Casas l'interrompt :

— Mais nullement ! Cela est faux !

— Frère Pablo lui-même le laissait entendre, dit Sepúlveda, avec un regard pour le franciscain.

— Mais il en est de ce peuple comme de tous les peuples ! s'écrie Las Casas. Leurs pensées ne sont pas une pensée, ni leurs sentiments un sentiment ! Ils ne sont pas un peuple de moutons ou de sauterelles ! Ils sont des individus, et leurs réactions varient ! On a pu connaître, évidemment, des conversions de circonstances : quand on sait la dureté des travaux promis, on les comprend. Mais certains, comme je l'ai dit, se sont tout naturellement tournés vers nous ! Notre prédication les a séduits, les a enchantés ! Ils sont même, dans certains cas, d'une ferveur extrême !

Le franciscain hoche la tête.

— Et puis il y a les autres, dit Las Casas, comme ceux-ci. Ceux qui préfèrent leurs propres traditions. Mais cet attachement à leurs croyances, Éminence, est tout naturel. Tous les peuples sont ainsi, depuis l'origine du monde. Tous les peuples sont attachés à leur passé. Car c'est notre passé qui nous a faits ce que nous sommes !

Sepúlveda lève la main. Il essaie de dire :

— Éminence ! Éminence !

Il veut absolument parler, mais pour le moment la voix du dominicain couvre la sienne ; et le cardinal ne semble pas avoir remarqué cette agitation du philosophe. Il ne regarde et n'écoute que Las Casas, qui continue avec la même fougue :

— Ils sont curieux de nous, je l'ai dit, ils nous regardent comme nous les regardons, ils nous écoutent, ils nous comprennent, beaucoup nous suivent de leur plein gré, d'autres par force! Mais il faut bien voir qu'ils ont vécu seuls pendant très long-temps! Coupés de tout!

— Eh bien? demande le légat.

— Ils étaient sûrs d'être les seuls au monde. Nous, nous avions déjà les récits de Marco Polo et de beau-coup d'autres. Nous connaissions l'existence des Chinois comme des Indiens. Et nous avions parcouru l'Afrique! Depuis longtemps! Mais eux? Ils étaient sans contact avec tout le reste du monde!

— N'avez-vous pas dit que saint Thomas y avait peut-être abordé pour y prêcher le catéchisme?

— Je l'ai dit, on m'a contredit, et il est vrai que ce n'est pas prouvé. J'accorde ce point. S'ils ont eu des contacts avec d'autres peuples, ce ne fut que briève-ment, et par hasard. Contacts vite oubliés, vite ense-velis dans leur mémoire. Éminence, comprenez-moi, ils étaient seuls. Le monde se réduisait à leurs royaumes. Pas d'autres terres émergées. Aussi, lorsque les Espagnols sont arrivés, ont-ils cru qu'ils venaient d'un autre monde. D'une autre planète, peut-être. D'une autre dimension du temps, ou de la matière.

— Vous disiez, reprend le cardinal, que cette stu-péfaction n'avait pas duré très longtemps.

— C'est vrai pour les détails, pour les chevaux, pour la poudre. Mais au fond de leur cœur le pro-blème demeure, j'en suis sûr, comme il était au commencement. De la même manière qu'ici, jour après jour, nous nous demandons qui ils sont, ainsi sans doute ils nous regardent, ils ne cessent de nous observer, et ils s'interrogent : Qui sont-ils?

Un court silence. Le cardinal daigne enfin remarquer la main levée de Sepúlveda.

— Vous désirez parler ?

— S'il plaît à votre Éminence.

— Nous vous écoutons.

— Je voudrais dire à frère Bartolomé une chose très simple.

— Dites-la simplement.

On a remarqué que le philosophe n'a plus parlé du « seigneur-évêque », mais de « frère Bartolomé ». Son ton s'est transformé. Il est étrangement plus calme et presque souriant, presque bienveillant.

— Depuis un moment, dit-il, j'ai l'impression que nous nous égarons l'un et l'autre dans une discussion sans véritable objet.

— Je le sentais moi aussi, avoue le légat, tandis que Las Casas garde le silence.

— Je vais essayer, pour la clarté de tous, de résumer cette discussion en quelques phrases, telle au moins que je l'ai comprise.

— Initiative intéressante, dit le légat. Et qui peut nous faire gagner du temps.

Sepúlveda joint les mains sous son menton, réfléchit un moment et parle :

— J'énonce d'abord un principe de logique, auquel, je pense, nous devons tous souscrire.

Le légat, d'un geste, montre qu'il attend ce principe. L'énoncé tient en peu de mots :

— De deux choses l'une, et une seulement.

Tous hochent la tête, même Las Casas. Comment s'opposer à l'évident ? Le logicien reprend ainsi :

— Ou bien ils sont pareils à nous, Dieu les a créés à son image et rédemptés par le sang de son fils, et dans ce cas ils n'ont aucune raison de refuser la vérité.

Il marque une courte pause et reprend, tranquille et sûr :

— Ou bien ils sont d'une autre espèce.

Un silence descend sur l'assemblée, tandis que Las Casas hausse les épaules. Il semble soudainement très fatigué. A quoi bon se débattre encore ? A quoi bon répéter ce que personne ici ne paraît désireux, ni même capable d'entendre ? Sepúlveda a glissé, dans un raisonnement apparemment logique, mauvaise foi et perfidie. Cela ressemble aux syllogismes boitillants qui depuis des siècles font la joie des écoles. Triste et pauvre logique, pense certainement le dominicain, qui n'a jamais paru aussi découragé. Inhumaine logique, qui emprisonne dans des mots tout le brouillard des sentiments.

Le cardinal s'adresse au philosophe et, comme pour en finir enfin, lui demande :

— Quel est votre sentiment sincère, professeur ?

La réponse est presque un réflexe. Sepúlveda l'exprime très simplement et clairement :

— Qu'ils sont d'une autre catégorie, nés pour servir et être dominés.

— Et la raison de leur disparition ?

— Un choc insupportable pour leur très faible entendement.

— Cette disparition, vous la pensez vraiment voulue par Dieu ?

— Oui, je l'ai dit. Pour ceux en tout cas qui, ayant entendu la vérité, persistent dans leur erreur.

— Les autres ont une chance de salut ?

— Quelques-uns, oui. Un très petit nombre.

— A vos yeux, les guerres que nous avons menées là-bas étaient donc justes ?

— Elles étaient justes et nécessaires. Je l'ai dit et je l'ai écrit.

— Du point de vue de la philosophie, exploiter le travail de ces hommes n'est nullement un mal ?

— Nullement, puisque Dieu l'a voulu.

Las Casas se redresse. Il reprend des forces une fois de plus :

— Mais tout cela n'est qu'un jeu de paroles ! Nous mangeons du sophisme, ici ! On ne peut pas décider de leur nature avec des finesses de logicien !

Assez sévèrement, cette fois, estimant sans doute l'avoir écouté aussi longtemps qu'il convenait, le cardinal demande au dominicain de se taire.

Puis il fait signe au philosophe de continuer.

Sepúlveda, toujours calme, s'adresse directement à Las Casas, comme pour lui donner une leçon de bon raisonnement :

— Vous avez choisi de ne pas lire mes objections, je devine pourquoi.

— Pourquoi ?

— Pour ne pas avoir à y répondre.

— Vous le croyez sincèrement ?

— Bien sûr. Ce qui vous gêne par-dessus tout, c'est la logique, car vous parlez sans cesse dans la contradiction. Vous répétez qu'ils sont doux et humbles et que les Espagnols sont des monstres cruels. Mais vous dites aussi qu'ils sont semblables à nous. Alors, que croire ? Qu'ils sont différents ou semblables ?

Las Casas lève les bras et les abat le long de son corps, mais sans répondre. L'autre n'en a pas encore fini :

— Nous savons que la ressemblance entre les créatures est l'œuvre de Dieu. Et nous savons aussi, comme l'ont dit les pères de l'Église, que les différences qui les opposent ont été introduites par l'œuvre du démon. Oui, c'est le Diable, c'est Satan qui les fit tels que nous les voyons. Très loin de nous. Et j'ajoute ceci, qui découle du précédent : Nous voyons qu'ils n'ont jamais connu notre foi, ce qui est un premier signe clair, comme je l'ai dit. Et nous voyons aussi qu'aujourd'hui même, après des années de prédication et de catéchisme patient, ayant pleine connaissance de la vérité, ils refusent de la reconnaître, de s'y rallier. C'est une preuve supplémentaire de leur création imparfaite, ou bien de l'action déviante que le Diable exerça sur eux. J'accepte l'une ou l'autre hypothèse. De toute manière, ils ne sont pas à notre niveau d'intelligence et de vertu. J'en suis certain. Je pose encore une question : Est-ce que tout est possible à Dieu ?

L'assistance est déconcertée. Que vient faire ici cette interrogation ?

— Naturellement, dit le cardinal. Tout lui est possible, puisqu'il a créé le possible.

— En conséquence, si le Christ le voulait, ces gens-là seraient tous chrétiens ? N'est-ce pas vrai ?

La question est malignement formulée. On ne peut y répondre — si l'on y répond — que par l'affirmation, à moins de prendre une teinture d'hérésie. C'est pourquoi le cardinal — imité par les autres — répond d'un hochement de tête.

Il ne reste à Sepúlveda qu'à conclure :

— Le fait qu'ils rejettent l'Évangile est donc bien la preuve de cette méchanceté que je dis. Ils sont placés par naissance hors de l'effet de la grâce divine. Ils ne rejettent pas le Christ. C'est le Christ qui ne veut pas d'eux dans son royaume.

11

A ce moment, deux moines reviennent ensemble. L'un, le plus jeune, apporte une brassée de couvertures. L'autre tient à deux mains une de ces grosses masses en fer avec lesquelles on enfonce des coins pour fendre les troncs d'arbres.

En entrant, il demande au cardinal, en montrant l'outil :

— Une masse comme ceci, Éminence ?

— Oui, oui, ça ira très bien.

S'adressant au jeune moine, le prélat ajoute :

— Allons, couvrez-les.

Le jeune moine s'approche et dispose des couvertures sur les épaules des Indiens. Celui qui tient le tube en bois — l'acrobate — remercie en souriant. Il est toujours le seul à sourire. Il approuve assez souvent quand les uns et les autres parlent, même s'il ne comprend pas ce qui se dit. Et toujours à se dandiner d'un pied sur l'autre.

L'autre Indien aide sa femme à enrouler la couverture autour de ses épaules, et aussi à protéger l'enfant. Gestes très simples, très ordinaires, accompagnés de quelques mots à voix basse. Par moments, la femme frissonne.

Le jeune moine reste debout à côté d'eux.

Le cardinal revient au moine plus âgé — et plus robuste — qui tient la lourde masse en fer, et lui dit :

— Approchez-vous. Frappez sur leur idole et observons leurs réactions.

Tandis que le moine s'avance en tenant à deux mains l'outil, tous se taisent et observent attentivement les Indiens. Le vrai moment de l'examen est arrivé, chacun le sent.

— Allez-y, frappez.

— A quel endroit, Éminence ?

— Où vous voudrez. Allez.

Le moine lève sa masse, mais il semble encore hésiter, ce qui agace le prélat.

— Allez-y, frappez ! Qu'est-ce que vous attendez ? Vous n'avez pas peur, tout de même ?

— Ce n'est qu'une idole, dit le philosophe.

Et Las Casas ajoute, non sans amertume visible :

— Frappez, ils ont l'habitude.

Le moine lève à deux mains sa lourde masse, jusqu'au-dessus de sa tête, et frappe. Il brise une partie de la sculpture. Des morceaux de pierre tombent à terre.

Les Indiens ont légèrement tressailli. Le mari a passé l'un de ses bras autour du cou de sa femme, qui tousse encore, mais pour la réchauffer, peut-être.

Le moine jette un coup d'œil au cardinal, qui lui fait signe de frapper encore.

Le moine relève sa masse et frappe une deuxième fois, puis une troisième. Les coups retentissent lourdement dans la grande salle. Le serpent à plumes se brise et se défigure peu à peu. Il est enveloppé de poussière.

L'Indien a fait un mouvement, comme pour intervenir, défendre son dieu. La femme l'a retenu par le bras. Sepúlveda s'écrie :

— Vous avez vu ? Il a failli intervenir !

Plusieurs voix l'approuvent : oui, il a bien montré son idolâtrie obstinée. Sans aucun doute, comme l'affirmait quelques instants plus tôt le philosophe, il est abandonné de Dieu, il est soumis à toutes les forces aveugles, une créature égarée saisie entre les pattes du démon.

Las Casas veut retourner l'argument :

— Il a fait un mouvement, dit-il, mais nous avons tous vu que sa femme l'a retenu !

Là aussi, plusieurs voix vont dans le même sens.

— Eh bien ? Qu'est-ce que ça prouve ? demande le légat.

— Éminence, cela prouve tout simplement qu'ils sont capables de penser ! De peser le pour et le contre ! Et cela très rapidement ! Aussi rapidement que nous ! Cette femme a parfaitement compris la situation, et les dangers que courait son mari. Son réflexe était digne de toute pensée supérieure !

— Satan s'appelle communément le Malin, dit Sepúlveda. Il peut inspirer à ses partisans toutes les ruses hypocrites. Le renard est rusé : dirons-nous que son âme est immortelle et que, s'il est sauvé, il finira au paradis ?

— Mais le renard ne se bâtit pas de statues ! Ni de pyramides ! Il ne creuse pas de canaux, il va tout nu dans la broussaille, il ne paie pas d'impôts, le renard ! Et sa femelle ne le retient pas quand il risque de s'exposer !

Las Casas a vivement donné de la voix. On peut croire, à certains moments, qu'il va perdre patience, laisser surgir toute sa colère — ce que sans doute le philosophe goûterait fort, car un adversaire irascible est plus facile à malmener.

— N'êtes-vous pas un renard vous-même ? demande-t-il à Sepúlveda. Un renard philosophe, qui pour sa nourriture ronge les pages d'Aristote ? Un renard qui connaît le grec, et qui ne sait rien de la vie ? N'êtes-vous pas rusé ? Le plus rusé de nous deux ? Tout le monde ici reconnaît votre habileté. Est-ce le signe que vous appartenez au Diable ?

Le cardinal saisit la sonnette et l'agite depuis un moment. Quand Las Casas consent à se taire, le prélat lui fait remarquer que de pareils propos portent atteinte à la dignité du débat, que l'argument *ad hominem,* à plus forte raison l'insolence et l'injure ne sont en aucune manière recevables.

— Dans ce cas, demande Las Casas en s'adoucissant, n'est-ce pas le soi-disant philosophe qui le premier se laissa emporter ? N'est-ce pas lui qui parla de renard à propos de créatures humaines ? Éminence, je sais que je suis irritable, c'est mon défaut et ma qualité. J'accepte votre blâme, à condition de le partager avec monsieur le professeur, puisque notre faute est la même.

— Elle n'est pas nécessairement la même, répond patiemment le prélat. Vous dites que ces indigènes sont des créatures parfaitement humaines, ce qui n'est pas sûr. Nous sommes précisément ici pour en décider, dois-je encore vous le rappeler ?

Las Casas choisit de se taire. Peut-être estime-t-il que le chemin est encore long et qu'il lui faudra ménager ses forces. Ladrada lui conseille le calme en lui tendant un verre d'eau.

Le cardinal pose une question générale :

— Qui voudrait une précision ?

Une main se lève, une voix demande :

— Est-ce qu'ils sont sensibles à la douleur ?

Las Casas repose en toute hâte son verre d'eau et se tourne vers le moine qui vient de parler.

— A la douleur ? Vous ne voudriez tout de même pas essayer ? Ici, dans un monastère ? Oui, ils souffrent ! Je peux vous assurer qu'ils souffrent comme nous. Ils se plaignent quand on les frappe.

— Les chiens et les chevaux aussi, dit Sepúlveda.

— Encore ! Mais quand donc cesserez-vous de les considérer comme des animaux ? De leur ouvrir la porte de votre petite ménagerie ? Ne voyez-vous pas qu'ils sont des hommes ?

— Une fois de plus, Éminence, dit alors Sepúlveda, mes propos sont déformés par mon adversaire. Vieille technique de dispute que dénonçait déjà Cicéron, et que je regrette très vivement de retrouver à cette place.

— Expliquez-vous donc.

— Ai-je dit qu'ils étaient des animaux ? En aucune manière. J'ai dit que le renard était rusé, et que les chiens, comme les chevaux, redoutent fort la bastonnade. Qui peut le nier ? A aucun moment je n'ai soutenu que ces hommes et cette femme sont des animaux. J'ai dit qu'ils sont humains, mais d'une catégorie inférieure. Que leur nature n'est pas l'égale de la nôtre. C'est tout ce que j'ai dit. J'ai fait simplement remarquer, en observant scrupuleusement toutes les leçons de la logique, que la ruse et la peur des coups ne sont pas, n'ont jamais été l'apanage de l'espèce humaine. Je voudrais que note en soit prise.

Le cardinal accorde ce point, ne pouvant guère le discuter.

A ce moment, surprenant toute l'assemblée, le comte Pittaluga, représentant du roi, se lève et fait savoir qu'il veut poser une question. On le croyait apathique et rêveur, s'ennuyant un peu, bien à l'extérieur de la controverse. Le voici pourtant qui demande :

— Et s'il s'agit de tristesse morale ? De la tristesse de vivre ? Est-ce qu'ils peuvent être mélancoliques ?

— Mais oui, je l'ai dit, et nous leur donnons toutes les raisons d'être tristes. D'une tristesse qui les conduit souvent aux portes de la mort.

— Mais peuvent-ils, demande encore le comte, s'émouvoir au spectacle d'une œuvre d'art, rêver devant la mer, ressentir de la crainte devant un précipice ?

— Certains le peuvent, répond Las Casas. A d'autres ces émotions sont refusées. C'est exactement comme pour nous.

— Sont-ils capables de sentir leur cœur se gonfler devant un des tableaux qui sont dans cette salle ? Ou bien devant une sculpture ? Ne pourrait-on pas les y conduire et voir si l'émotion les gagne ?

Le dominicain paraît exaspéré. Il va probablement répondre avec violence, mais le cardinal le devance :

— Comte, nous avons longuement évoqué le problème des œuvres d'art et des émotions qu'elles soulèvent. Peut-être n'y avez-vous pas prêté une attention assez aiguë. Nous n'avons pas le temps d'y revenir, pardonnez-moi.

Le comte Pittaluga se rassied, croise ses jambes, reprend le cours de ses pensées diverses.

D'autres questions s'élèvent ici et là :

— Est-ce qu'ils souffrent d'être loin de leur terre ?

— Toute créature vivante souffre d'être écartée de sa terre, répond Sepúlveda, tenace. Même un arbre.

Un autre moine se lève pour demander de son siège :

— Est-ce qu'ils craignent la mort ?

— Toute créature vivante craint la mort, répond encore Sepúlveda.

— Même le renard, ajoute Las Casas.

Le supérieur lui-même interroge :

— Est-ce qu'ils ont l'idée d'un châtiment dans l'éternité ? Est-ce qu'ils en ont peur ?

— Oui, répond le franciscain. Ils ont une sorte d'enfer, dans leur religion.

Las Casas ajoute :

— Oui, eux aussi ils vivent après la mort. Et ils ont la notion de l'âme. Parfaitement !

— Est-ce qu'ils ont un paradis ? Comment le conçoivent-ils ?

— Comme une sorte de séjour des bienheureux, dit le franciscain. A vrai dire, nous savons très peu de chose sur ce point. Mais ils croient en la vie éternelle.

La discussion devient assez vite confuse. Plusieurs autres participants se lèvent, prennent en même temps la parole. On entend des questions qui se croisent :

— Est-ce que leurs dieux se manifestent sur la terre ? Est-ce qu'ils pratiquent la prière ? Est-ce qu'ils se souviennent des choses passées ? Est-ce qu'ils honorent leurs morts ? Est-ce qu'ils ont de l'amour pour leurs dieux ?

Las Casas et le franciscain essaient de répondre aux uns et aux autres, ce qui n'a rien de facile. Le cardinal tente de mettre un peu d'ordre avec sa sonnette, car on ne s'y reconnaît plus. Il obtient assez difficilement le silence.

Le représentant du roi s'est remis debout. Le cardinal le remarque, lui donne la parole, et le comte pose une autre question :

— Ont-ils une claire conscience du bien et du mal ?

— Ils ont des lois, répond aussitôt Las Casas. Tout comme nous, ils distinguent ce qui est permis et ce qui est interdit. Et ils édictent des punitions, des châtiments.

— Mais dans leur conscience ?

— Comment une société pourrait-elle se donner des lois, dit alors Las Casas, et les moyens de les faire respecter, si dans les consciences des habitants le bien et le mal restaient confondus ? Si cette conscience était sauvage ? Sans avoir encore reçu l'étincelle d'humanité ?

Le représentant du roi hoche plusieurs fois la tête et se rassied, croisant ses jambes. La réponse du dominicain semble pour le moment le satisfaire. Il réfléchit à ce qu'il vient de dire et d'entendre, et sans doute interroge-t-il sa conscience sur la conscience des autres. Le voici de nouveau rêveur.

Le cardinal fait alors un signe aux deux cavaliers, aux deux *encomenderos* de la plaine de Puebla, qui depuis l'entrée des Indiens se tenaient assez discrètement à l'écart. Il leur demande de s'approcher des indigènes.

Les deux hommes s'avancent, tandis que les ecclésiastiques se retirent et regagnent leurs places. A la vue des deux colons, qui portent l'épée au côté, les Indiens ont un mouvement de frayeur. Ils reculent de deux ou trois pas. Ils cherchent des yeux une issue de secours. Que se passe-t-il ? Ils ne savent pas. La femme regarde le cardinal, comme pour lire sur son visage le sort qui les attend (ont-ils été soumis à un

180

jugement, sans le savoir, et condamnés pour une faute qu'ils ignorent ? Est-ce le moment venu de l'exécution ?) mais le visage du cardinal paraît subitement fermé, et même dur.

Il ordonne aux deux hommes :

— Saisissez l'enfant et menacez-le.

Ils s'arrêtent, croyant n'avoir pas bien compris.

— Prenez cet enfant, leur dit le prélat en haussant la voix, et menacez-le comme pour le tuer. Nous allons bien voir.

— Voir quoi ? demande Las Casas.

Le légat ne répond pas. Il confirme son ordre d'un geste.

Les deux hommes s'approchent encore, non sans hésiter, et tirent leurs épées. Au bruit du métal, les Indiens, même l'acrobate, paraissent affolés. Ils tournent dans la salle sans trouver comment fuir. Las Casas et le franciscain vont vers eux, tentent de les rassurer et de les calmer. Frère Pablo leur parle même en nahuatl, mais le cardinal lui ordonne :

— Non, non, ne leur parlez pas ! Ne leur dites rien ! Écartez-vous.

S'ensuit un moment de confusion. Las Casas ne peut comprendre où le légat veut en venir, de quelle expérience il s'agit.

— Allez-y ! répète le prélat à l'adresse des deux cavaliers. Faites ce que je vous dis ! Saisissez l'enfant et menacez-le comme pour le tuer ! Faites !

Les deux cavaliers s'approchent alors vivement de la femme, chacun d'un côté, et la saisissent pour lui arracher l'enfant. Elle crie et se débat de toutes ses forces.

Son époux intervient pour la défendre. Il est très durement repoussé par l'un des deux cavaliers, qui le frappe avec la poignée de son épée. L'Indien tombe. Son visage est ensanglanté.

L'acrobate escalade les stalles. Il semble avoir complètement perdu la tête et pousse des cris répétés. Inattendue, l'agitation qui traverse la docte assemblée. Certains moines se lèvent, posent des questions à haute voix, se parlent entre eux. Ceux qui sont vieux et sourds ne comprennent pas. Le jeune moine paraît vouloir intervenir, mais pour quel geste, quelle action ? Seul Sepúlveda, debout à sa table, reste rigoureusement immobile.

Las Casas se hâte jusqu'à l'estrade où trône le prélat, il en monte rapidement les marches, il tente de dire :

— Arrêtez, je vous en supplie, ne faites pas ça !

Il se heurte à l'indifférence comme pétrifiée du prélat, qui réitère son ordre étrange :

— Saisissez l'enfant et menacez-le !

Les deux cavaliers luttent contre la femme, qui serre ses bras autour de l'enfant. Il leur faut toute leur vigueur pour écarter ces bras et arracher l'enfant qui pleure.

Ramón l'emporte, tandis que l'autre maintient très fermement la mère, qui s'agite et crie.

L'homme armé qui a saisi l'enfant le pose sur le sol et lève son épée comme s'il allait l'en transpercer, par un geste très menaçant, en le maintenant sous sa botte. Le cardinal le regarde et semble lui dire : Oui, c'est bien ça.

La mère se dégage, court vers son enfant, attrape le bras du cavalier. Elle tente de lui mordre la main. L'homme se défend.

182

Las Casas de son côté s'est précipité. Il saisit à son tour l'enfant, il repousse l'homme armé, qui recule en perdant l'équilibre.

Le cardinal se dresse tout à coup, agite la sonnette, la repose, frappe aussi fort qu'il peut dans ses mains et s'écrie :

— C'est fini, maintenant ! Arrêtez ! Arrêtez tout ! J'ai dit : C'est fini !

Il a beaucoup de peine à se faire entendre, si fort est le tumulte. L'un de ses assesseurs descend de l'estrade pour aller parler aux colons, et tout leur expliquer. Las Casas rend l'enfant à sa mère, qui ne peut pas comprendre ce qui se passe, puis il se dirige vers l'Indien blessé, qui se relève difficilement.

— Remettez vos armes au fourreau ! dit le cardinal. Arrêtez ! Reculez-vous !

Les deux cavaliers obéissent. Ils se retirent à l'écart.

Le vêtement de la femme s'est dénoué, laissant apparaître sa poitrine nue, mais elle n'y prête aucune attention. Elle ne s'occupe que de son enfant retrouvé, qu'elle serre et berce dans ses bras. Elle est appuyée contre la statue mutilée, comme pour chercher la protection du serpent à plumes.

Le cardinal s'adresse alors au franciscain :

— Parlez-leur, maintenant, rassurez-les. Dites-leur que c'était une erreur. Ou un jeu. Ce que vous voudrez.

Frère Pablo s'adresse à l'Indien blessé, qui s'est remis debout, et lui parle à voix basse. Peut-être lui explique-t-il qu'il s'agissait d'une sorte de jeu, comme l'a suggéré le cardinal. Un jeu particulier à ce pays, à ce couvent. L'Indien l'écoute sans parler.

L'agitation s'apaise peu à peu.

L'un des assesseurs du cardinal se penche vers lui, parle à son oreille. Il lui fait remarquer la poitrine nue de la femme indienne, nudité si rare en ces lieux.

Le légat ordonne au jeune moine :

— Couvrez cette femme. Allons, rattachez-lui sa robe. Elle ne peut pas rester comme ça.

Le jeune moine s'approche de l'Indienne et fait ce qu'on lui dit de faire. D'abord la femme ne comprend pas ce qu'on lui veut. Sans doute n'a-t-elle même pas remarqué que son vêtement s'était dénoué. Le franciscain doit s'approcher d'elle et tenter de lui expliquer doucement que cette peau nue est indécente, qu'elle constitue une offense à Dieu — ce que la femme ne comprend toujours pas. Elle serre son enfant contre elle, ne pensant qu'à lui.

Las Casas s'adresse au cardinal :

— Mais pourquoi ce souci de pudeur, Éminence ? Si elle n'est pas une vraie femme, elle peut bien se montrer nue, comme une chienne ou une vache ! Un animal nu n'a rien d'offusquant ! Rien qui soit blessant au regard de Dieu !

— Allons, frère Bartolomé, qu'allez-vous chercher ? répond le prélat.

— Tout simplement, dit Sepúlveda, elle ne comprend pas ce qu'on attend d'elle. On lui parle pourtant dans son dialecte, mais les mots ne l'atteignent pas.

Finalement la femme se laisse faire, quelque peu rassurée par les paroles du franciscain. Le jeune moine entreprend de rattacher les cordons de sa robe, ce qu'il fait avec des gestes malhabiles et un trouble dans le regard.

Les assistants, qui s'étaient tous levés, se rasseyent un à un.

Las Casas examine le visage de l'Indien blessé. Il a reçu le coup près de la tempe et il saigne un peu. Le dominicain dit au jeune moine, dès qu'il a pu rattacher les cordons :

— Portez de l'eau et un mouchoir pour soigner cet homme. Vite !

— Et trouvez du lait pour l'enfant ! ajoute le prélat.

Le jeune moine sort en courant.

Dans le calme presque revenu, laissant frère Pablo s'occuper de l'Indien blessé, Las Casas s'approche de l'estrade, s'adresse au prélat :

— Éminence, cet examen était cruel et inutile.

— Est-ce à vous d'en décider ?

— Je ne peux pas croire que ce genre d'artifice soit nécessaire pour conclure notre débat. Ils ont le même cœur que nous, vous le voyez bien. D'ailleurs, vous le saviez avant de commencer. Cette mère était prête à mourir pour sauver la vie de son enfant. Elle est une mère comme nos mères. N'est-ce pas évident pour nous tous ?

Sepúlveda reprend alors la parole :

— Les animaux aussi défendent leurs petits. Surtout les femelles. C'est une autre loi de la nature.

Las Casas se retourne vers lui et le regarde. L'obstination du philosophe l'étonne et le laisse pour le moment sans voix.

— Les deux mâles, ajoute le professeur, n'ont pas montré grande bravoure. L'un des deux n'a pas fait le moindre geste et n'a cherché qu'à s'enfuir d'ici.

Il montre du doigt l'acrobate, qui a cessé de piailler et qui revient, le dos courbé, craintif, de nouveau souriant, mais par intermittence.

— Ce n'est pas son enfant ! s'écrie Las Casas.

— Précisément, répond Sepúlveda.

— Que voulez-vous dire : précisément ?

— Cela montre qu'ils n'ont aucune fraternité, aucun lien social. Ils ne connaissent aucune de ces attitudes solidaires qui font la force des vraies sociétés. Ils se conduisent chacun pour soi, comme dans une forêt jamais pénétrée !

— Sortez d'ici, dit alors Las Casas, avancez-vous dans les rues de la ville, comptez le nombre de miséreux que vous verrez dans les rues, allez même dans les campagnes, dans les asiles, dans les ports, dites-moi combien de mendiants, d'indigents et d'estropiés de toutes sortes vous rencontrez dans le royaume le plus riche du monde, après quoi revenez ici et parlez-moi des « attitudes solidaires » ! Vous risquez-vous quelquefois hors de vos bibliothèques, monsieur le professeur ? Avez-vous une idée de la peine de vivre ? Sur toute la surface de la terre ? Où est-elle, la forêt sauvage ? Ne savez-vous pas qu'elle commence à peine franchies les portes de chêne de ce couvent ?

Cette intervention fait un grand effet. Le dominicain le sent clairement. Il est ici dans son vrai domaine. Saisissant l'acrobate par un bras, il le force à s'avancer et déclare en le montrant du doigt :

— Et celui-ci est déjà corrompu ! Il a connu le vin ! Son ventre s'est gonflé et amolli ! On lui a appris à mendier de l'argent, à mentir, à nous sourire à tout propos, à courber l'échine : vous le voyez bien !

Il revient aux deux autres, que le franciscain s'efforce de rassurer en remettant sur leurs épaules les couvertures, tombées à terre.

— Quant à cet homme et cette femme, qui viennent d'arriver en Espagne il y a peu de jours, ils sont perdus et alarmés. Peut-être croient-ils rêver, comme les soldats de Cortés à leur venue dans un autre monde. Ils ne peuvent pas comprendre où ils sont, ni quelle réunion se tient ici, ni ce que nous voulons savoir.

Sepúlveda demande aussitôt :

— Vous dites bien : Ils ne peuvent pas comprendre ?

— Je dis bien, répond Las Casas.

— Par incapacité ? Par faiblesse d'esprit ?

— Mais tout esprit est faible, monsieur le philosophe. Toute pensée est limitée. Vous-même, vous croyez-vous capable de tout comprendre ?

— De comprendre l'intelligible, oui, sans doute. Du moins je m'y efforce depuis l'enfance.

Sepúlveda a répondu avec son court sourire.

— Et vous trouvez cette situation intelligible ?

— Elle me semble claire.

— Ici, bien sûr. Mais imaginez-vous là-bas, dans un édifice inconnu, soumis à un jugement étrange, au milieu de prêtres emplumés dont la parole vous échappe. Vous pourriez comprendre ce qui vous arrive ? Comprendre que d'autres hommes décident si oui ou non vous êtes un homme ?

Sepúlveda hausse les épaules et se contente de remarquer que le dominicain vient à son habitude de déplacer la vraie question.

Le jeune moine réapparaît portant de l'eau et un linge blanc. Las Casas lui prend le linge des mains, le mouille et lave le sang sur le visage de l'Indien, qui se laisse soigner par lui.

— Et puis, ajoute-t-il comme s'il ne parlait à personne, si souvent les Espagnols les ont invités, les ont accueillis avec le sourire, ont accepté leurs présents, pour ensuite leur passer leur épée au travers du corps... Si souvent...

187

Suit un silence, qui dure presque une minute, pendant que Las Casas et le franciscain s'occupent de l'Indien blessé. Dans ce silence passent sans doute quelques-unes des images d'horreur que le dominicain évoqua dès le premier jour. Des hommes embrochés, brûlés, livrés à des molosses spécialement dressés...

Le jeune moine revient, portant cette fois un bol de lait. Il marche vite. Quelques gouttes blanches tombent sur le carrelage de marbre.

La femme hésite, puis elle accepte le lait. Avant de le donner à boire à son enfant, elle le goûte.

Dans le calme revenu, le cardinal demande, en montrant l'homme qui tient le tube de bois :

— Il s'agit bien d'un acrobate ?

L'un des assesseurs lui répond :

— Oui, Éminence. A ce qu'il paraît.

— Quels tours sait-il faire ?

— C'est une espèce de jongleur, je crois. Il exécute des tours avec ses pieds.

— Nous aurions bien besoin d'une petite récréation. Qu'en pensez-vous ?

L'assesseur ne sait que répondre.

Le cardinal demande à ce qu'on dégage le serpent à plumes, pour faire un peu de place devant l'estrade. Quatre ou cinq moines robustes déplacent le chariot.

Le cardinal dit à frère Pablo :

— Demandez à cet homme qu'il nous fasse maintenant ses tours. Nous le regardons.

Le franciscain dit un mot à l'Indien, qui semble avoir déjà compris. Il sourit, s'incline et étend sur le sol, en repoussant du pied quelques débris de la statue, la couverture qui lui fut donnée.

Puis il se couche sur le dos.

Il dresse ses jambes en l'air, pose le tube de bois sur la plante de ses pieds et commence à jongler. Le tube roule, passe d'un pied à l'autre. L'Indien le projette en l'air et le reçoit de nouveau sur ses pieds, sans le laisser tomber à terre. Tantôt même il le reçoit tout dressé sur un de ses pieds, puis le lance sur l'autre pied. A certains moments, il le fait tourner à toute vitesse.

Les assistants ne peuvent qu'admirer son adresse. Pour la plupart, ils ne connaissaient pas cet exercice, assez commun chez les Indiens. On sent chez eux comme un soulagement.

De sa place, Sepúlveda remarque, mais sans trop élever la voix :

— Ils sont habiles de leurs pieds, comme les singes.

Las Casas, qui a entendu cette phrase, jette à Sepúlveda un regard peu agréable et s'apprête sans doute à lui répondre, quand une cloche sonne. Le cardinal se lève. Voici l'heure du repas de la mi-journée.

Courte prière à voix basse. L'acrobate se relève et replie la couverture en regardant autour de lui. Tous les assistants prient, tête baissée. Seul exercice, apparemment, qui les unisse.

Pendant l'heure qui leur est réservée pour prendre des forces au réfectoire, Las Casas préfère se retirer dans sa cellule et s'allonger un moment. Ladrada lui prépare quelques légumes, avec de l'huile et du vinaigre, et du fromage. Les deux mains sous la tête, les paupières à demi fermées, le dominicain essaie de se rappeler tout ce qu'il a vu, tout ce qu'il a dit. Chacun sent maintenant que la décision ne tardera pas. A tout moment, le cardinal peut déclarer close la discussion et faire connaître son choix.

Pourquoi a-t-il convoqué les Indiens ? Pourquoi tant de tracas, tant d'argent dépensé ? Ladrada pense que c'est plutôt bon signe. Le légat s'est donné du mal, il a préparé longuement toute son affaire : signe d'une conscience attentive, d'une absence de préjugé. Sa décision n'était pas prise à l'avance, comme il arrive dans tant de jugements. A sa manière, il a bien agi, sérieusement. On devrait pouvoir lui faire confiance.

Oui, peut-être, se dit Las Casas, mais il se méfie de tout ce théâtre, de ces personnages coiffés de plumes et présentés comme des objets de curiosité, de ces expériences si discutables que Sepúlveda a facilement acceptées, montrant ainsi qu'il espère en tirer largement parti. Sans mettre en doute — et pourtant — la sincérité du cardinal (Rome a toujours prêché la charité à l'égard des peuples nouveaux, mais ces peuples n'ont aucun bénéfice à tirer de bonnes paroles, c'est si facile de parler, il leur faut des lois très précises), Las Casas se sent inquiet. Quelque chose lui manque, il ne sait quoi. Allongé dans la chaleur de l'après-midi sur son lit de bois, il essaie de mettre de l'ordre, sinon dans ses pensées, au moins dans ses souvenirs.

Qu'ai-je dit ? Que n'ai-je pas dit que j'aurais dû dire ? Très souvent la dispute a pris l'allure d'une vraie bataille. De part et d'autre les généraux avaient préparé leurs plans, bien disposé leurs bataillons. Mais dans l'activité forcément confuse de la discussion, en saisissant brusquement au passage une initiative de l'adversaire, une de ses phrases, on peut se lancer dans une offensive nouvelle, mal préparée, qui mène à l'échec, au repli.

Le dominicain connaît ce défaut, qui est le sien. Dans sa tête, tout en reposant son corps fatigué (la plupart du temps il a parlé debout et s'est démené), il se demande : Ai-je assez raconté d'atrocités ? Ai-je bien parlé de leurs monuments, de leurs langues ? Ai-je assez montré qu'ils sont nos semblables ? Devrais-je insister davantage sur leurs qualités, au risque d'affronter encore l'affirmation du philosophe, qu'ils sont des hommes, mais reniés par Dieu ?

Comment Dieu pourrait-il renier la moindre de ses créatures ? Le Christ n'a-t-il pas loué ce berger qui abandonnait son troupeau pour retrouver à toute force une seule brebis perdue ? Voilà peut-être ce que j'aurais dû dire avec plus de persévérance. Dieu les a créés, donc il les aime. Et il ne demande qu'à les recevoir.

Mais Las Casas sait bien ce que le logicien va lui répondre. Il parlera une fois de plus d'idolâtrie, d'âmes gagnées par le démon, laissées à la porte du Ciel. Il montrera avec plus de clarté encore la contradiction qu'il est facile de relever dans les propos du dominicain : hommes entiers, semblables à nous, formés en pleine autonomie et respectables ; hommes pourtant qu'il faut impérativement transformer, amener à la foi, vêtir et nourrir comme nous. La contradiction propre au philosophe (qu'on les anéantisse pour les amener à la foi, autrement dit que, pour changer leur vie, on leur enlève cette vie) ne semble embarrasser personne. Logique louvoyante où l'esprit se séduit lui-même, n'offrant que peu de résistance aux enchaînements qu'il forme, pourvu qu'ils lui paraissent clairs, sur le moment.

Contradictions de part et d'autre. Un couloir bloqué des deux côtés. Interdit d'en sortir, sauf au prix d'un choix, donc d'un abandon.

Et la justice de la guerre ? Et les masques rusés du démon ? Et cette mission providentielle que Dieu aurait confiée à l'Espagne pour établir à tout jamais le triomphe du christianisme ? Mais pourquoi l'empereur Constantin, à qui la croix fut montrée dans le ciel et qui du coup se convertit, pourquoi cet homme qui commandait au monde n'a-t-il pas jadis réussi ? Ne tenait-il pas dans sa main plus de pouvoirs encore que Charles Quint ? Où le démon, qui toujours divise, trouva-t-il assez de force perfide pour couper en morceaux le premier empire chrétien ? Et que nous prépare-t-il aujourd'hui ?

Las Casas revient au prélat, revoit les visages des moines, attentifs dans la grande salle. Par-dessus tout, se demande-t-il, est-ce que j'ai su les toucher ? Est-ce que j'ai pu remuer quelque chose dans leur poitrine, dans leur sang ? Car la seule façon de sortir du couloir est d'en percer le mur, pour y faire entrer la lumière. Pour percer le mur, seule l'émotion.

Après toutes ces années passées dans les manœuvres de la curie romaine, toute cette diplomatie humaine mise au service des intérêts du Ciel, tous ces compromis, ces demi-mensonges inévitables, le cardinal peut-il encore s'émouvoir ? Dans l'épisode de l'enfant menacé de mort, après sa froideur du début, il a finalement fait demander du lait. Signe d'humanité ? Las Casas se voit réduit à d'incertaines hypothèses, qui commandent la suite de ses interventions. Mais s'il se trompe ? Cette corde sensible, s'il appuie dessus trop lourdement ? Ne risque-t-il pas de tout perdre ?

Ladrada lui présente son assiette de légumes, et le fromage. Las Casas se redresse sur son lit, regarde son vieux compagnon, qui traversa tant de dangers à ses côtés.

— Il me tarde que tout soit fini, dit-il.

— Demain au plus tard, assure Ladrada.

— Pourquoi avons-nous fait ce que nous avons fait ? Pourquoi toutes ces marches, et ces tempêtes, et ces batailles continuelles ?

— Dieu l'a voulu.

— Mais justement : pourquoi l'a-t-il voulu ? Pourquoi a-t-il collé les yeux de la plupart des hommes avec de la glu ? Pourquoi les a-t-il envenimés du goût de l'or et de la possession ? Pourquoi a-t-il donné à certains d'entre eux l'intelligence la plus fine pour défendre l'horreur totale ? Lui qui est l'éternel amour et la puissance sans limites, pourquoi nous a-t-il tirés vers le contraire de l'amour ? Pourquoi la haine et la violence sont-elles si fortes, si durables, si constamment établies dans nos cœurs ? Ladrada, mon vieux Ladrada, pourquoi ne sommes-nous pas comme les anges ?

— Mangez un peu, vous en aurez besoin, lui dit son ami.

Au même moment, tandis que le cardinal se restaure seul dans son logement, Sepúlveda s'est approché des deux cavaliers, qui maintenant circulent en liberté dans le couvent. Il s'est informé de leur provenance et de leurs soucis. Pris à l'improviste, lui aussi, par l'initiative spectaculaire du cardinal, il cherche à tirer avantage des nouveaux venus, des colons comme des Indiens.

Après une nourriture légère, il s'est assis un moment dans l'ombre assez fraîche du cloître. Il s'évente, avec quelques feuillets qu'il tient à la main. A la différence du dominicain, il n'attend rien de bon, pour le moment, de la décision du cardinal. En bon logicien, il aime à jouer toutes ses parties perdues d'avance. Il connaît la position officiellement charitable de Rome à l'égard des peuples en question. Sans le début d'une hésitation, il sait que le pape ne pourra jamais revenir sur ce qui a été dit par Rome, par lui-même ou par un autre pape avant lui. Personne n'a vraiment analysé ses objections, personne ne défendra son livre. Tout cela est clair.

D'un autre côté, il sait que le cours des décisions autoritaires peut s'infléchir de plusieurs manières et que, tout en affirmant sa fidélité à tel ou tel principe, un prince, et même un prince de l'Église, peut parfaitement lui tourner le dos. On a vu quelquefois anéantir un principe au nom de ce principe même. Les principes sont là pour ça. En privé, Sepúlveda parle parfois du « suicide des principes ». Une tendance assez fréquente, à son avis, chez les principes.

Il sait aussi qu'il peut compter, malgré les envolées pathétiques de Las Casas et la position officielle du Saint-Siège, sur cette lourde tradition d'immobilisme qui alourdit le fleuve lent de l'Église. Il est certain que, dans la salle même où il parle, comme il a pu s'en rendre compte à plusieurs reprises, la majorité des assistants préférerait au fond que les choses ne changent pas, qu'elles restent comme toujours, qu'une partie de l'humanité continue à dominer et à exploiter comme bon lui semble l'autre partie (la plus nombreuse), en vertu d'un ordre ancien, d'un ordre acquis, dont on peut dire en tout cas qu'il est naturel, sinon divin. Pourquoi soudainement tout bouleverser ? L'Espagne, depuis plus de cinquante ans, s'est très bien établie dans les nouvelles terres. Faudrait-il maintenant rappeler les colons ? Leur interdire ceci ou cela ? A quoi bon ? Les choses finiront bien par se mettre en place, sans qu'une fois de plus quelques humains plus ou moins énervés prétendent jeter tout l'édifice à bas, et réorganiser inutilement le monde.

Force secrète, qui s'exprime peu, qui quelquefois se trompe sur elle-même, mais force puissante et cohérente que Sepúlveda sait reconnaître et dont il pique quelquefois le sommeil ; force qui résiste aux temps modernes par une sorte d'inertie, laquelle absorbe finalement les grands voyages autour du monde, l'esprit d'invention des Italiens, et qui espère même, en ne bougeant pas, voir se briser un jour prochain la très pernicieuse Réforme. Sur ce point, d'ailleurs, Sepúlveda pense, avec un grand nombre de théologiens et d'hommes d'État, qu'on ne peut pas lutter efficacement en suivant la pente facile des concessions et améliorations. Pas de cette souplesse, qui ne conduit qu'à élargir la porte pour l'entrée du loup. Il faut au contraire de l'entêtement et de la rigueur, il faut se tenir à la porte étroite, il faut se cramponner aux règles de la tradition et les maintenir dans la tempête. Au risque de perdre certains faibles, au moins gardera-t-on les esprits solides et sains.

Sepúlveda n'a pas encore tout dit. Il s'en faut. S'il soupçonne le dominicain d'avoir épuisé le catalogue de ses arguments, il garde, lui, quelques armes secrètes qu'il dévoilera au moment voulu. Le mot qui compte est le dernier.

Assis les jambes croisées sur un banc de pierre dans le cloître, il s'évente tranquillement, d'un mouvement très régulier.

Son regard va des ouvriers, qui font la courte pause de midi, aux Indiens qui se sont accroupis dans un coin, près de la guérite qui les amena, et qui sont nourris par deux moines. La femme essaie de faire

12

A peine ont-ils repris leurs places dans la salle
capitulaire, à peine a-t-on dit la prière qui demande à
Dieu sa présence active, à peine le cardinal s'est-il
assis, en arrangeant les plis de sa robe, que par la
porte restée ouverte l'un des deux assesseurs du prélat
apparaît — il était en retard, certains s'étonnaient déjà
de ne pas le voir — et annonce :

— Les bouffons sont arrivés, Éminence.

A quoi le cardinal répond tranquillement :

— Ah oui, qu'ils entrent, qu'ils entrent.

Là encore, surprise. Les participants se regardent
les uns les autres, on entend même des voix qui
demandent : Les bouffons ? Quels bouffons ? Sepúlveda, pris au dépourvu comme les autres, se penche
pour dire quelques mots à son assistant le plus
proche ; mais celui-ci secoue la tête, il ne sait rien.

Le cardinal, sentant évidemment cette curiosité,
donne des précisions :

— Afin de poursuivre nos observations, j'ai fait
venir ici quelques bouffons de cour. On dit que vous
avez en Espagne les meilleurs amuseurs du monde.
Nous allons voir.

— Mais dans quelle intention ? demande Las Casas, qui paraît très soucieux.

— C'est simple, répond le prélat. Certains prétendent que la faculté de rire n'appartient qu'à l'homme, qu'elle est en quelque sorte l'apanage de notre espèce. On dit aussi, les Espagnols en tout cas le disent, que plus les esprits s'élèvent, plus ils sont sensibles au burlesque, à la dérision, plus ils aiment et savent rire. Nous allons voir si vos protégés (c'est toujours au dominicain qu'il s'adresse) reconnaissent et apprécient, tout comme nous, la drôlerie.

— Éminence, dit Las Casas, vous voyez bien qu'ils ne sont pas disposés pour le rire !

— Et pourquoi donc ?

— Après le simulacre d'assassinat de ce matin, avec leur fatigue, toutes leurs frayeurs...

Sepúlveda l'interrompt :

— Mais le rire est spontané ! Il est un réflexe naturel, qui ne se prépare pas ! Il peut surgir à tout moment, même dans la tristesse, même dans la chambre d'un mort : je trouve l'idée excellente !

Flatté, le cardinal ajoute, à l'intention du dominicain :

— De toute manière ils ont pris du repos, ils ont bien mangé, vous voyez qu'ils n'ont plus froid, je suis certain qu'ils se sentent bien rassurés. N'ayez pas de crainte.

S'adressant à l'assistance, il ordonne :

— Faites-leur place ! Allons !

Le franciscain pousse les Indiens pour créer un espace vide au centre de la grande salle, devant l'estrade. On déplace également les tables de Las Casas et de Sepúlveda.

L'assesseur se tourne vers la porte ouverte et fait un signe. On entend une musique très criarde, très enfantine : trompette, flûte et petit tambour.

Un étrange cortège fait son entrée. En tête s'avancent deux nains costumés en roi et en reine. Le roi, avec couronne en carton, traîne en toile ordinaire et bâton rustique à la main, jette autour de lui des regards farouches, sous des sourcils très fortement noircis.

A son bras s'avance la reine, qui est un autre nain, un travesti grossier, avec perruque écarlate et robe grotesque, une fleur blanche et molle à la main, deux gros seins qui s'effondrent à chaque pas.

Ils sont suivis par un troisième nain dont le visage et le corps sont entièrement recouverts d'une bure de moine trop grande pour lui, qui le fait trébucher. Le moine s'efforce de tenir la traîne du roi, mais cette traîne lui échappe sans cesse, ce qui provoque les premiers rires, dès leur entrée.

Rires spontanés, comme le désirait Sepúlveda, rires-réflexes, tout aussitôt suivis d'une intense stupéfaction. Les moines n'en reviennent pas. Où sont-ils transportés ? Que se passe-t-il ? Ils en oublient même d'observer le comportement des Indiens. Le cardinal doit le leur rappeler.

Derrière les trois nains — le roi, la reine et le moine — s'avancent trois hommes qui sont les musiciens-assistants. Ils s'occupent des accessoires, du déroulement du spectacle, de l'« acte ». Celui qui joue du tambour est le directeur de la compagnie, un homme de cinquante ans, au nez pointu et rouge, qui se fait appeler dom César. C'est lui qui crie à voix très haute, dès l'entrée :

— Faites place à Leurs Majestés ! Place à Leurs Majestés ! Place à la justice du roi ! Place !

Le cortège s'arrête dans l'espace dégagé. Dom César, le joueur de tambour, sans cesser de jouer, s'adresse sur un ton très impératif au jeune moine :

— Allons, vite ! Apportez les sièges de Leurs Majestés ! Où sont les sièges de Leurs Majestés ? Allons, vite ! Allons, vite ! Ici ! Ici !

Le jeune moine s'affole un peu, mais il obéit. Avec l'aide d'un moine plus âgé, il apporte un banc et le dispose selon les indications très autoritaires de dom César.

Les autres sont encore sous le coup de l'intrusion. Personne dans l'assistance n'ose dire un mot. Ils ne savent même pas s'ils doivent s'asseoir ou se lever ; mais, comme le cardinal reste sur sa chaise, ils l'imitent.

Le prélat, au demeurant, paraît extrêmement intéressé, comme s'il savourait sa seconde surprise avec délectation, plus encore que la première.

Il va jusqu'à saluer d'un hochement de tête — en souriant un peu — le roi et la reine, qui prennent place sur le banc avec des excès de solennité, tout en se flanquant quelques coups de coude.

Le moine à large robe se place juste derrière eux. Le capuchon tombe sur son visage et le dissimule entièrement. Le long chapelet qui entoure ses hanches est fait de grains ovales et noirs qui pourraient bien être des crottes de chèvre.

Le flûtiste et le trompettiste vont se mettre un peu à l'écart, juste en face des Indiens, dont le visage n'exprime rien. La mère est tout occupée à calmer son enfant qui pleure, effrayé par l'entrée en fanfare.

Le couple royal est assis. Dom César, très agité, arrange les traînes. Il se redresse et bat le tambour.

A ce moment le roi donne un violent coup de bâton sur les mains de la reine, qui pousse un cri aigu, un cri de douleur.

Avec son bâton, le roi montre à la reine qu'un de ses gros seins vient de s'écrouler. Elle ne comprend pas. Il la frappe une deuxième fois. Deuxième cri. Cette fois elle comprend et remonte son sein du mieux qu'elle peut, sans aucune discrétion dans ses gestes.

Les premiers rires font tressaillir l'assistance. Si Las Casas reste grave (il est allé se rasseoir à sa table et regarde à peine), le cardinal lui-même ne peut pas lutter contre un sourire. Il met une main devant sa bouche et jette un regard aux Indiens, pour les observer.

Parmi les Indiens, si l'acrobate regarde les bouffons avec une certaine curiosité, l'homme et la femme gardent la même indifférence. On pourrait croire, à la limite, qu'ils ne voient et n'entendent rien.

Tout à coup le roi-pour-rire s'écrie :

— Amenez le premier voleur !

Le flûtiste pose son instrument, accourt, se jette à genoux devant le couple royal ; et le roi lui demande, terriblement sévère et le bâton levé :

— Qu'est-ce que tu as volé ?

— Rien, Majesté.

— Je te demande ce que tu as volé !

— Je n'ai rien volé, Majesté !

— Tu as forcément volé quelque chose ! Sinon tu ne serais pas un voleur ! Qu'est-ce que tu as volé ?

— Rien Majesté !

Et ainsi de suite, avec force roulements d'yeux, cris suraigus et de temps à autre un coup de bâton à la reine, dont les seins s'obstinent à dégringoler, et aussi des rafales sur le dos du voleur, qui nie toujours, qui noue ses mains et demande pitié. Par moments, dans les injures qu'il lui adresse, le roi glisse le mot « esclave » ou bon à rien, et même « barbare ».

Soudain, cessant de frapper, il paraît saisi d'un affreux remords de conscience et se dresse en disant :

— Un petit moment ! Je l'ai frappé ! C'est un péché ! Je dois me confesser !

Le roi fait signe au moine qui s'approche en mettant les pieds dans sa robe, ce qui fait rire. Le roi s'agenouille auprès de lui en se frappant la poitrine et en récitant à toute vitesse un gargouillis de latin de cuisine qui commence par « *mea culpa, mea culpa...* », auquel le moine répond par un gargouillis similaire. Tous les moines présents dans la salle reconnaissent évidemment le texte, ce qui les amuse plus ou moins.

Tout cela ne dure que quelques secondes. Absous, le roi se relève, se rassied à côté de la reine et voit que celle-ci, par inadvertance, vient encore de laisser choir un sein. Il la frappe très sèchement avec son bâton. Elle crie et cette fois elle riposte par une gifle aussi vigoureuse que violente qui met en danger la couronne du roi.

Celui-ci, furieux, la frappe à coups redoublés, si bien qu'elle tombe à la renverse en perdant sa perruque. Le roi s'écrie :

— Un petit moment ! Je l'ai tuée ! C'est un péché ! Je dois me confesser !

Il s'agenouille rapidement devant le moine, comme la première fois, et se lance dans la même parodie de confession, tout aussi brève. La reine ramasse sa perruque en pleurnichant et la remet comme elle peut. Puis elle retombe sans connaissance.

Invités pour la première fois dans un couvent, on peut imaginer que les comiques s'en donnent à cœur joie ; et sans doute ont-ils spécialement répété cette scène de confession pour la circonstance. Est-ce une idée du cardinal ? Personne ne peut le dire, et personne ne peut imaginer jusqu'à quelles limites extrêmes la situation pourrait conduire. L'immunité des bouffons enlève-t-elle au monastère, pour un petit moment, son caractère d'édifice sacré ? Dans la jurisprudence ecclésiastique, le cas s'est-il jamais posé ?

Tous les personnages qui sont là n'ont pas les mêmes réactions devant cette scène extraordinaire. Un bon nombre des moines, sans réfléchir, se laissent aller au rire, d'autres paraissent un peu gênés, comme s'ils ne savaient quelle attitude il conviendrait de prendre. D'autres sont mécontents, réprobateurs. Un vieux moine au visage émacié détourne son regard, baisse la tête et semble se mettre en prière.

Sepúlveda ne détache pas son œil attentif des Indiens, lesquels ne rient pas et considèrent tout ce qui se passe avec une sorte d'effarement, qui a succédé à leur indifférence. Même l'acrobate paraît maintenant stupéfait.

Quant au légat, vers qui se tournent à tout moment les regards des uns et des autres (il est le commanditaire de la farce), il conserve le sourire. Ses yeux se déplacent sans arrêt, allant des bouffons aux Indiens et au reste de l'assistance. Rien ne paraît le déranger. Il observe tout.

L'acte burlesque se poursuit, à la même allure agitée et répétitive. Sa confession terminée, prestement absous par le moine, le roi reprend sa place assise, revient au voleur, lui assène un bon coup de bâton sur les épaules et lui demande une fois de plus :

— Alors ? Qu'est-ce que tu as volé ? Réponds-moi !

— Rien, Majesté !

Un autre coup de bâton s'abat, accompagné de la même question, que suit la même réponse de l'homme à genoux. Les coups de bâton s'accélèrent, entrecoupés de « aïe » de douleur et de « rien, Majesté ».

Pendant ce temps, dans le dos du roi, le moine relève la reine évanouie et, la tenant dans ses bras, se lance dans des mouvements éperdus de fornication. Mouvements très clairs : impossible de s'y tromper.

Le voleur, qui voit ça, tend le doigt en disant au roi :

— Majesté ! Majesté ! La reine, là !

Le roi se retourne vivement. En un mouvement bien réglé le moine cesse aussitôt de forniquer et son geste se métamorphose. La main qui fourrageait maintenant bénit.

Et cela continue. Le roi revient au voleur, qui persiste à nier. Dès que le roi a le dos tourné, le moine reprend son manège obscène. De nouveau, le voleur le dénonce, de nouveau le roi se retourne. Avec la même rapidité, le geste fornicateur devient bénédiction sereine.

Dans l'assistance certains rient ou sourient encore, mais quelques murmures d'embarras, et même de protestation, se font entendre. On sait bien que tout est permis aux bouffons, que la couronne les protège avec un zèle presque superstitieux — ce qui ne les dispense pas, la nuit venue, au détour d'une rue, de recevoir une bastonnade anonyme et parfois meurtrière. Ce sont alors les nobles décriés qui se vengent dans l'ombre d'une moquerie publique. Ces bouffons, rejetés de nature et souvent très doués, apportent à la majesté de la cour une contrepartie sans doute nécessaire. Ils sont, pour les grands d'Espagne, comme une expiation constante. Ils commentent aussi tous les événements du jour, jusqu'aux plus infimes; leurs oreilles basses traînent partout, on attend leur apparition pour cueillir des nouvelles rares, et souvent salées. En leur demandant de venir se produire dans la salle capitulaire, le cardinal les a très probablement informés du thème de la controverse.

Jusqu'où vont-ils pousser? Que savent-ils exactement de Sepúlveda? De Las Casas? Plus loin que le malaise, on sent une espèce de frayeur gagner les stalles, une après l'autre. Chacun semble se demander s'il a vraiment le droit de rire. A moins qu'il n'y soit obligé?

Le cardinal, bien que sensible aux frémissements du scandale (un moine violentant une reine de carnaval, en plein couvent!), laisse aller les choses. Il semble même près de s'y régaler. On le voit se retourner vers le comte de Pittaluga et lui envoyer un sourire, comme pour lui dire : En effet, ils sont excellents, on s'amuse bien. Et chacun remarque la mine assez longue de l'envoyé du roi d'Espagne, qui ne sait trop que penser de la chose et choisit un air plutôt blasé.

Le supérieur se déplace pour venir dire un mot à l'oreille du cardinal, une objection sans doute, que le prélat chasse vite de la main. Il semble dire : Mais tout ceci n'est que broutille, pas d'inquiétude pour si peu!

Pendant que le roi regarde la reine et le moine, le voleur, d'un geste vif, subtilise sa couronne pour la poser sur sa propre tête. Le roi se retourne vers lui et demande avec insistance, et de la même voix criarde :

— Alors ? Tu as trouvé ce que tu as volé ?

Le voleur continue à protester très hautement de son innocence. Il porte la couronne du roi mais celui-ci ne la voit pas. Il continue de frapper l'homme avec son bâton, assenant sa question sans réponse.

Le voleur crie toujours :

— Rien, Majesté ! Aïe ! Rien, Majesté ! Aïe !

Pendant ce temps, derrière le dos du roi, le faux moine a repris sa fornication assidue. La reine, qui subissait, évanouie, revient à elle en gémissant, sous les coups répétés qu'on lui porte. Et elle ne se défend pas. En une feinte pâmoison, très grossièrement indiquée, elle se laisse faire, elle indique même la voie et ses gémissements deviennent plaintes de plaisir, qui emplissent la grande salle, avec accompagnement rythmé du tambour.

Ces gémissements excessifs font que le roi se retourne et voit tout. Cette fois le moine, qui tenait la reine dans ses bras, la lâche brusquement et elle tombe à la renverse, en poussant un grand cri. On aperçoit de courtes jambes bien poilues.

Dans l'assistance c'est un mélange de scandale et de rire brefs, comme retenus.

Tandis que le roi se lève et se dirige, plein de fureur, vers le moine — lequel bénit la reine comme si elle était gravement blessée, mourante peut-être —, Las Casas s'écrie :

— Éminence !

Il s'est dressé, il s'approche très rapidement du cardinal. Aussitôt, tout s'arrête. Les bouffons, au milieu de qui passe le dominicain, s'immobilisent, comme bloqués dans leurs gestes. Toute action, toute musique cessent. D'un seul coup, les farceurs deviennent spectateurs. Ils regardent avec curiosité ce qui se passe.

— Éminence, dit clairement Las Casas, je vous demande d'arrêter cette mascarade. Pour le respect des sacrements.

— Vous êtes gêné ?

— Oui, Éminence.

— Pourtant, frère Bartolomé, on m'a assuré qu'en Castille les bouffons ont bien tous les droits.

— C'est vrai à la cour. Mais ici nous sommes dans le territoire de Dieu. Nous moquons ses saints sacrements, nous laissons se commettre des actes indignes devant toutes les images saintes qui nous entourent, devant même le crucifié !

— Calmez-vous, calmez-vous, il n'est pas interdit de rire. Vous avez évoqué l'horreur. La farce aussi fait partie de la vie.

Las Casas montre du doigt les Indiens, quelque peu oubliés depuis dix minutes.

— Mais ceci n'est pas une farce ! dit-il. Nous parlons d'un peuple qui souffre et qui meurt ! A cause de nous ! D'un vrai peuple !

— Croyez-vous que je puisse l'oublier ? Et ne comprenez-vous pas ce que je m'efforce de voir ?

Jugeant le moment particulièrement propice (toute altercation entre le dominicain et le cardinal lui semble agir en sa faveur), Sepúlveda, qui n'a rien manifesté pendant l'intermède, déclare alors à Las Casas :

— Ce qui vous embarrasse, avouez-le, c'est que vos Indiens n'ont même pas souri !

— Mais comment auraient-ils souri ? De quoi ?

— Ils n'ont pas desserré les lèvres ! Ils ont tout regardé, tout écouté, sans un seul sourire !

— Mais réfléchissez! Un « voleur » : ils ne comprennent pas ce mot! Cette coutume parodique leur échappe! Pour rire d'un geste, ou d'un mot, il faut en comprendre le sens! Ce spectacle leur est totalement étrange!

— Des coups sur la tête, des culbutes, des gestes de fornication, tout cela me semble universel, remarque le philosophe.

— Mais ils ne savent pas de quoi on parle! Quand le roi dit qu'il doit se confesser, par exemple, et qu'il récite grotesquement son *mea culpa,* comment voulez-vous qu'ils réagissent? La confession, ils l'ignorent!

— Ils n'ont donc rien gardé de votre enseignement?

— Comment?

Las Casas paraît interloqué. Sepúlveda se fait plus précis :

— De tout le catéchisme, de toutes les leçons qu'ils ont reçues de nous, ils n'ont donc rien pu retenir? Ils ne savent même pas ce qu'est un sacrement? La plus élémentaire des notions chrétiennes?

— On vous a dit que ceux-ci gardent une préférence pour leurs coutumes d'autrefois!

— Nous en revenons toujours à ce même point, le remarquez-vous? Pourquoi ne sont-ils pas frappés par la vérité, comme ils devraient l'être? Pourquoi sont-ils dans l'incapacité de se tourner clairement vers le vrai? Dans l'incapacité d'apprendre? Pourquoi restent-ils insensibles à la beauté de nos mystères?

— Mais ils ne sont pas insensibles! Je vous l'ai expliqué! Et on vous l'a prouvé!

Las Casas est sur le bord de la colère — ce que son adversaire attend sans doute avec impatience depuis trois jours, une vraie colère, affaiblissant l'esprit. Pour le moment, le dominicain la contrôle encore. On le voit serrer ses poings, posés devant lui sur ses papiers.

— Ils sont sensibles comme nous, dit-il, ils connaissent l'amour et la crainte, les sentiments les plus subtils, mais pour les voir, pour bien les voir, nous devons les regarder avec d'autres yeux que nos yeux ordinaires. Sinon, nous ne les verrons jamais comme ils sont.

— Comment faut-il les regarder ?

— Comme un miroir où nous chercherions notre propre visage. Un visage oublié, lointain.

— Ce miroir, demande Sepúlveda, vous pouvez vous y reconnaître ?

— A tout moment. C'est comme si une main me le tendait d'un autre monde, d'un autre temps. Et une voix semble me répéter, tandis que je les regarde : Voici ce que tu as été, voici ce que tu pourrais être encore. Oui, je me reconnais en eux. Je les vois comme d'autres moi-mêmes.

— Je le disais, reprend le philosophe, ils vous ont brouillé la vue et l'esprit.

— Pourquoi me répétez-vous cette phrase ?

— Parce qu'à vous entendre, à certains moments, vous semblez avoir envie de prendre leur place, d'être complètement pareil à eux, d'oublier qui vous êtes, et l'habit que vous portez, pour passer de l'autre côté, pour changer d'être, pour renoncer à la foi véritable et embrasser l'idolâtrie.

— Vous m'en soupçonnez ? demande Las Casas, qui vient de blêmir.

— A certains moments je m'interroge, répond le philosophe, sans chercher à dissimuler une vague menace dans sa voix.

Accusation grave, la plus grave peut-être, car elle frôle l'hérésie, ce vertige, permanente obsession de la foi ; gouffre où tant d'esprits qui se croyaient droits, qui se croyaient sains, se sont finalement précipités, se sont perdus, par excès de scrupule souvent, par une recherche trop aiguisée, trop personnelle, trop ardente ; l'hérésie, monstre familier, doucement endormi près de l'orthodoxie et qu'un cahot léger parfois réveille ; toujours hantée, perverse, inquiète, et toujours promise au bûcher.

— Vous vous interrogez sur ma foi ? demande le dominicain.

Sepúlveda le regarde sans répondre, ni d'un mot ni d'un geste.

— Vous pensez qu'Aristote est un meilleur chrétien que moi ? Répondez-moi. Je vous pose une question précise. A quel moment vous ai-je paru faiblir et douter ?

— Vous ne le voyez pas vous-même, dit le philosophe, mais d'autres que vous peuvent le sentir.

— Qui d'autre ici le sent ?

Las Casas a haussé la voix pour jeter cette dernière question. Il s'adresse à l'assemblée tout entière, qui le regarde et qui l'entend, mais qui renonce à lui répondre. Personne ne se hasarde à la suite du philosophe. Terrain argileux et glissant, au bas duquel sans doute quelque araignée aveugle et mortelle vous guette. Des images des exécutions préparées par l'Inquisition — images que tous connaissent — viennent de traverser la salle ; comme si même on entendait les sourds frappements des tambours, les ordres donnés aux soldats, les prières, les cris étouffés par le feu.

Prudence générale. Les images d'horreur que le dominicain évoquait au début de la controverse se déroulaient ailleurs, de l'autre côté d'une large mer, dans des pays chauds, mal connus et très probablement barbares. Mais l'horreur maintenant se rapproche et la controverse change de ton. Elle n'est plus une joute bien articulée de paroles, coupées de tirades foudroyantes et d'épisodes de théâtre ; elle touche soudain à la réalité voisine. Toute menace n'est pas lointaine. La violence et la mort habitent ici, sous le même toit que les moines. Elles font partie de la famille, et depuis longtemps. Elles peuvent un jour frapper à votre porte.

Ainsi sans doute réfléchissent, avec plus ou moins de clarté d'esprit, tous ceux qui sont réunis dans la salle capitulaire. Les accusations de Sepúlveda, lancées en présence des bouffons (qui peuvent parfaitement les comprendre), ont eu le mérite de faire passer ce vent froid. La dispute bien ordonnée, bien protégée par les grosses murailles, n'est pas coupée du reste du royaume. Elle est au beau milieu de la politique ordinaire.

— Personne ne me répond ? s'écrie Las Casas.

Personne, pas même le cardinal, qui paraît à ce moment-là songeur.

— Mais qu'avez-vous devant les yeux ? demande Las Casas à Sepúlveda. Ou plutôt qu'avez-vous dans la tête et le cœur, qui vous empêche de les voir ? Pourquoi m'accuser d'aveuglement, alors que vous vivez dans une chambre noire où vous tournez comme un insecte ? Mais allumez votre lampe, comme l'a dit le Christ ! Et si votre lampe n'éclaire plus, cherchez-en une autre ! Regardez-les en pleine lumière, c'est-à-dire simplement et sincèrement une fois pour toutes ! Rejetez votre rhétorique, dans laquelle vous vous enterrez !

Emporté par un accès de colère qu'il ne parvient plus à maîtriser, il se précipite soudain vers la table de Sepúlveda, il saisit ses papiers et les jette en tous sens.

— Délivrez-vous ! s'écrie-t-il. Sortez de vos papiers et regardez-les ! Regardez-les avec des yeux humains !

Sepúlveda, qui est assez faible de corps, essaie de sauver ses documents et de repousser le dominicain — lequel est un aventurier, habitué à tous les affrontements. Les deux hommes en viennent aux mains, leurs bras se rencontrent et se mêlent. C'est une vraie lutte, qu'ils attendaient peut-être l'un et l'autre depuis trois jours. Le vieux Ladrada vient à la rescousse. Les assistants de Sepúlveda s'en mêlent eux aussi, sans oser frapper le seigneur-évêque, mais en tentant de protéger leur maître.

Le cardinal a surgi de sa rêverie. Debout, il agite à bout de bras sa sonnette en appelant :

— Frère Bartolomé ! Frère Bartolomé !

Le dominicain ne l'entend pas, ou s'il l'entend il ne se calme pas. Il semble décidé à disperser tous les textes, tous les papiers de son adversaire. En même temps il ne cesse de parler, de crier :

— De qui faisons-nous le procès ? De l'assassin ou de la victime ? Des juges, peut-être ? Je le demande depuis le commencement et personne ne me répond : Qui est l'accusé, ici ? Qui a tué, qui a violé, qui a trompé ? Va-t-on me le dire ? Qui ?

Voyant que le trouble persiste et que la fureur agissante du dominicain ne se calme pas, le légat prend la décision d'intervenir lui-même. Pareille bagarre est inadmissible ici. Quittant l'estrade aussi rapidement qu'il le peut, il se dirige vers les belligérants en appelant encore :

— Allons, frère Bartolomé ! Arrêtez ! Frère Bartolomé, je vous...

Cette fois, il a oublié la marche fragile, laquelle cède sous ses pas.

Le cardinal s'effondre dans le petit escalier de bois par lequel il voulait descendre.

La querelle entre Las Casas et Sepúlveda s'apaise à l'instant même.

Tous les regards se portent sur le malheureux prélat, vers qui le supérieur se dépêche, pour l'aider à se relever. Un des pieds du cardinal est embarrassé dans des planches. Sa robe est accrochée. Apparemment, rien de très grave.

Quant aux trois Indiens, cette fois ils rient. L'acrobate rit même assez franchement — tout comme les bouffons, qui s'esclaffent et imitent la chute. Les deux autres Indiens, l'homme blessé au visage et la femme, n'ont qu'un bref sourire, mais que Las Casas vient soudainement de noter.

Il s'écrie en tendant la main vers eux :

— Voyez ! Ils ont ri ! Cette fois ils ont ri !

Désignés par le doigt du moine, et ne comprenant ni son attitude ni ses paroles, les Indiens cessent de rire. Ils n'auraient peut-être pas dû, ils ne savent pas. L'homme et la femme se regardent, très indécis. L'acrobate lui-même est maintenant sérieux, inquiet.

Las Casas s'approche du cardinal, lequel se relève sans vrai dommage, et lui dit :

— Je vous demande pardon, Éminence, mais cette fois ils ont bel et bien ri !

Le cardinal est d'assez mauvaise humeur. Il ne répond pas. Le supérieur et l'un de ses assesseurs frottent sa robe, qui a pris un peu de poussière. Il tourne le dos à Las Casas et remonte vers son siège. Toute une dignité à retrouver, et pour le moment cela seul importe.

Sepúlveda n'admet pas les déclarations de Las Casas. Tout occupé à se défendre, il n'a pas regardé les visages des Indiens. Il ne peut pas dire qu'ils ont ri, ou qu'ils n'ont pas ri. Tout ce qu'il voit, en ce moment, ne lui montre que gravité, incertitude, crainte peut-être; rien de nouveau.

— Qui les a vus rire? demande-t-il. Qui d'autre?

Dans le silence général — trop de convulsions ont secoué une assistance mal préparée, qui réagit par l'immobilité, l'attente —, seul le jeune moine ose lever la main et répondre au philosophe.

— Oui, je les ai vus, ils ont ri.

— En êtes-vous sûr?

— Ils ont ri, c'est vrai, ajoute le franciscain, encouragé, tandis que le jeune moine confirme sa réponse. Ils ont ri brièvement, mais ils ont ri.

— Qui d'autre?

L'un des assistants de Sepúlveda, tout occupé à ramasser des papiers sur le carrelage, relève la tête pour répondre :

— Oui, il me semble bien qu'ils ont ri.

Le philosophe irrité lui demande entre ses dents de se taire et dit aussitôt, s'adressant au frère Pablo :

— Posez-leur la question. Demandez-leur s'ils ont ri.

Tandis que le cardinal reprend sa place en silence — il rassure de la tête le supérieur : rien de cassé —, le moine franciscain s'approche des trois Indiens et commence à leur parler en nahuatl. On voit qu'il montre les quelques marches où l'incident s'est produit. Il essaie d'expliquer.

Les Indiens ne lui donnent aucune sorte de réponse.

Il répète ses questions, leur demande sans doute s'ils se rappellent avoir ri. Ils échangent entre eux quelques regards, enveloppés dans la même crainte. Toute affirmation, comme toute négation, pourrait être dangereuse, ou même fatale.

Ils n'osent plus rire maintenant. Ils regrettent sans doute d'avoir ri.

Sepúlveda coupe court aux inutiles questions du franciscain.

— Inutile de les interroger, dit-il. Ils ne comprennent même pas ce qu'on leur demande. Vous le voyez bien.

— Ils comprennent très bien, lui répond Las Casas, qui paraît s'être un peu tranquillisé. Je les connais, ils nous comprennent. Ils craignent qu'on les punisse d'avoir ri, voilà tout. Ils nous redoutent, à chaque instant. Ils n'attendent de nous que des jugements et des châtiments, sous des prétextes qu'ils ne saisissent pas, parce qu'ils ont mangé une galette avant d'être emmenés à la communion, parce qu'ils n'ont pas fait le signe de la croix en passant devant une église. Parce qu'ils ont ri, pourquoi pas ? Tout est prétexte à les punir. Nous avons perdu toute leur confiance. Nous leur faisons peur.

Le cardinal a récupéré son maintien. Il fait entendre sa sonnette, puis, comme s'il les voyait soudain, il montre du doigt les bouffons et donne un ordre sec :

— Faites sortir les pitres.

Dom César s'avance, s'incline en homme de théâtre, se retourne et frappe son tambour d'un roulement bref. La flûte et la trompette retentissent.

— Ça suffit! s'écrie le cardinal. Allez, dehors! Dehors!

Énervé, il s'agite en vain. Rien ne dérangera l'ordonnance du cortège burlesque, qui se reforme au milieu de la salle. Le roi et la reine se placent côte à côte, le moine se met derrière eux en s'entravant encore dans sa robe. Ils s'ébranlent en musique vers la porte largement ouverte par laquelle ils ont fait leur entrée. La reine remonte encore un de ses gros seins qui tombe et le roi lui flanque un coup de bâton sur les doigts. Pitres jusqu'au bout. La reine émet un cri aigu. Le moine se heurte à un des battants de la porte.

13

Flûte, trompette et tambour s'éloignent dans les couloirs, puis dans le cloître, et disparaissent.

Dès que le silence a reconquis la salle, le cardinal demande si quelqu'un désire maintenant se livrer à une autre expérience.

Aucune main ne se lève.

— Nous avons vécu une journée assez animée, déclare le prélat, mais il est évidemment nécessaire qu'elle s'achève dans la sérénité. Même si nos antagonistes sont allés jusqu'à l'assaut physique, ce que je n'avais pas prévu, il nous faut tous maintenant nous calmer et nous recueillir.

Il garde un court silence avant de dire encore, non sans un sourire :

— Peut-être le Seigneur a-t-il disposé sous mes pas cette planche pernicieuse, afin d'arrêter votre bataille.

Son sourire passe sur d'autres visages, dans l'assemblée, qui le reçoivent comme autant de miroirs.

— Nous avons vu jusqu'où peuvent aller des sages, ajoute-t-il. Et cela sous le regard des fous.

L'après-midi est particulièrement lourd. L'air chaud est traversé de mouches agacées. Dehors, le ciel se devine sombre. Un orage se fait annoncer dans le lointain, vers l'ouest.

Les assistants de Sepúlveda ont fini de ramasser ses feuilles, aidés même par le vieux Ladrada.

Las Casas a regagné sa table. C'est à lui que le légat s'adresse :

— Le temps nous est maintenant compté. Je dois prendre une décision ce soir avant de retourner à Rome. Frère Bartolomé, essayez de tout nous redire en quelques phrases. Mais tenez-vous à ce qui vous paraît l'essentiel. Vous nous avez raconté un très grand nombre de massacres. S'il vous plaît, n'y revenez pas.

Las Casas hoche la tête et va se placer tout près des Indiens. Voici donc venu le moment de la conclusion. Il sent bien qu'il s'agit de donner son dernier plaidoyer, et il rassemble un moment ses esprits. Inquiet, car il doit parler le premier. Tel est le choix du cardinal et il est de mauvais augure. Il montre que les derniers mots reviendront à Sepúlveda, lequel déjà, secrètement, s'en réjouit et s'y prépare.

Las Casas s'engage cependant avec son habituelle sincérité, cette énergie qui semble inépuisable, qui est la clef de sa vie, avec une émotion qui par moments lui noue la gorge.

— Qu'ils soient des hommes comme moi, je n'en peux pas douter, car ils sont mes frères indiens et je me reconnais en eux. Cette reconnaissance me suffit. Je n'ai besoin d'aucune autre arme. Moi je manie maladroitement la logique, moi je n'ai préparé aucun coup de théâtre, mais quand je les vois, quand je les regarde, j'entends le cri de tant de sang versé et toutes ces questions, sur tant de lèvres : Pourquoi vous m'assassinez ? Pourquoi vous me brûlez, avec mes temples, avec mes livres ? Pourquoi vous voulez que je disparaisse ? Pourquoi vous percez mes enfants ?

Les trois Indiens le regardent fixement. Devinent-ils qu'il parle d'eux ? On ne peut pas le dire. Le franciscain leur dépose quelques mots dans l'oreille, à voix basse. Ils n'ont aucune réaction.

Des gouttes de sueur brillent sur les crânes de la plupart des moines qui sont là. Certains s'essuient avec un mouchoir, ou les manches de leurs robes. Las Casas lui-même ruisselle. On voit des taches de sueur tomber sur les parties blanches de son habit sans qu'il s'en soucie.

Il continue :

— On me répond toujours : Oui, peut-être, nous avons en effet commis quelques violences inutiles. Nous avons peut-être tué. Mais c'était la guerre, nous envahissions un pays barbare, peuplé par une espèce d'hommes inférieure à la nôtre, par des esclaves-nés, et la preuve de cette barbarie, c'est qu'ils sacrifiaient des hommes à leurs dieux.

Et c'est vrai. Oui, c'est vrai. Aucun témoin, jamais, ne s'est élevé contre ce fait.

Sa voix s'enroue légèrement. Il toussote et boit une gorgée dans un verre d'eau que Ladrada lui tend.

— A propos de cette notion de sacrifice, si nous revenions un peu sur nous-mêmes ? Nous tenons la Bible pour un livre sacré. Et nous y lisons qu'Abraham s'apprêtait à sacrifier son fils à Dieu. C'est bien parce qu'il pensait que Dieu apprécierait ce sacrifice ? C'est même peut-être parce que ce sacrifice était en usage ?

— Vous allez bien loin, dit le prélat.

— Qu'en savons-nous? La notion de sacrifice est partout présente dans nos livres sacrés. Tout comme chez les païens. Rappelez-vous Iphigénie et tant d'autres, et pourtant nous ne tenons pas les Grecs pour des barbares, j'imagine? Je dis bien : notre Dieu, le vrai Dieu, si l'on en croit la Bible, n'a pas toujours détesté qu'on lui sacrifiât des vies humaines! Il nous a même donné son fils en sacrifice!

Coup de sonnette. Le cardinal lève la main en déclarant :

— La comparaison est très excessive.

— Je l'admets. Je dis seulement qu'un temps viendra peut-être où des sociétés plus raffinées, plus civilisées que la nôtre, trouveront la Bible sanglante et cruelle. Diront-elles que les Juifs de ce temps-là étaient une basse variété de l'espèce humaine?

Cette fois personne ne le contredit. Tous les théologiens présents fouillent une fois de plus dans les caves de leur mémoire pour y trouver une citation, un épisode, qui puisse contredire la proposition du dominicain, ou qui même puisse apporter une réponse à sa question. Apparemment, ils ne trouvent rien.

Le dominicain s'adresse alors au cardinal seul. Il s'approche pour cela de l'estrade.

— Éminence, le sacrifice donne à Dieu la preuve de notre adoration. Ces hommes, que la vraie foi n'avait pas encore éclairés et qui subissaient aveuglément la loi naturelle, offraient à leurs faux dieux ce qu'ils avaient de plus précieux. Leur vie, leur sang.

Sepúlveda, depuis un moment, paraît agacé, agité — sans doute parce qu'il sent que Las Casas prend un avantage. Aussi, allant contre toutes les règles, se décide-t-il à intervenir :

— L'argument est spécieux ! Il met en parallèle une supposition et un fait déclaré ! Il n'est pas soutenable !

— Que voulez-vous dire ? demande le prélat.

— Les sacrifices humains commis dans les Nouvelles Indes sont un fait reconnu par tous, un fait historique. Le seigneur-évêque lui-même l'a certifié ! Les sacrifices bibliques, qui d'ailleurs sont arrêtés par la main de Dieu, sont au contraire un fait supposé, que rien ne certifie, que rien n'atteste. Mettre ces deux catégories d'action en parallèle, comme on le fait ici, constitue une fois de plus une faute logique grave. Je trouve, je le répète, cet argument inacceptable !

— Professeur, déclare le légat, c'est à moi d'en juger. N'intervenez pas maintenant, je vous prie.

Il adresse un geste à Las Casas, lui indiquant que la parole lui revient.

— Je dis aussi, reprend le dominicain, que tout peuple, aussi barbare qu'il soit, ou que nous pensions qu'il est, a le droit de se défendre contre toute agression armée, même si celle-ci est menée par un peuple civilisé, mieux organisé, plus puissant. Ce peuple a même le droit de châtier ses envahisseurs, quand ils sont venus pour l'assujettir, à plus forte raison quand ils viennent avec les ailes noires de l'archange exterminateur. J'ai toujours admiré Colomb, le découvreur, qui apporta un monde à la connaissance des hommes. J'ai toujours détesté et méprisé ceux qui l'ont suivi, rapière au poing et n'ayant d'yeux que pour chercher les lueurs de l'or. Ah, quel bonheur pour eux quand on les informa des sacrifices d'hommes ! Tout leur était permis ! Et pour anéantir des coutumes que nous appelons barbares, nous nous sommes faits plus barbares encore ! Comment voulez-vous que les Indiens comprennent ?

Il se tourne vers les deux colons de Puebla, dans l'assistance, pour leur dire :

— Vous leur enseignez : « Tu ne voleras pas le bien d'autrui », et vous leur prenez tous leurs biens ! Vous leur dites : « Il ne faut pas tuer son semblable, sous aucun prétexte ! », et pour que cela soit bien clair, vous les tuez ! Un jour on écrira peut-être que les Espagnols sont les vrais barbares ! Oui, certains le disent déjà !

Le cardinal se permet alors d'objecter :

— Vous dites : « Tuer son semblable. » Et certes c'est un très grand crime ; mais, je vous le répète, cela ne vaut que si nous admettons qu'ils sont nos semblables. Si nous prenons comme point de départ ce qui constitue l'objet même de cette dispute ! Or, si l'on en croit Aristote...

Las Casas ne le laisse pas poursuivre. Il a retrouvé toute sa véhémence. Sans s'interroger un instant sur les intentions véritables du prélat — qui fournissait peut-être prétexte à explosion —, il se déplace, il va se mettre à côté de la femme indienne, il la saisit par les épaules, il s'écrie avec les élans d'un prophète :

— Adieu Aristote ! Le règne d'Aristote est aboli ! Aristote est un païen qui brûle au milieu de l'enfer ! Aujourd'hui nous parlons au nom du Christ. La parole d'Aristote était une erreur terrible, tyrannique, infernale ! Toute la philosophie chrétienne la condamne !

Négligeant Sepúlveda qui lève le doigt et veut intervenir pour défendre son grand homme, le dominicain continue :

— Par quelle aberration maligne, dans cette discussion demandée par Dieu, acceptons-nous des arguments puisés dans la besace d'un païen ? N'avons-nous pas suffisamment de penseurs chrétiens ? Manquerions-nous d'autorités ? Que dire d'abord de celle du Christ ?

Il s'écarte de l'Indienne, saisit un livre sur la table et le brandit en s'écriant :

— Que lisons-nous à chaque page des Évangiles ? Que tout homme est mon semblable, que je dois le traiter comme je voudrais qu'il me traite et lui rendre le bien pour le mal. Les Espagnols ont jailli comme des loups au milieu des brebis, mais le Christ a proclamé le contraire : « Je vous envoie comme des brebis au milieu des loups ! »

Sepúlveda essaie de glisser à la hâte une citation :

— Mais il a dit aussi...

Le cardinal fait taire le philosophe d'un geste et indique à Las Casas que la parole est toujours sienne. Le dominicain n'en doutait pas. A peine s'est-il interrompu le temps d'une respiration, avant de reprendre :

— Dirons-nous que le Christ s'est trompé ? Qu'il ne savait pas ce qu'il affirmait ? Dirons-nous que Dieu ignorait la présence d'autres peuples sur d'autres terres ? Et ne savait-il pas, de toute éternité, qu'un jour nous les rencontrerions ? Jamais aucun apôtre, jamais aucun fondateur de l'Église n'a douté, l'ombre d'une seconde, de la toute science et de la toute bonté de Notre Seigneur. Jamais. Le Christ eût confondu Aristote avec trois paroles. Et tous les autres Grecs. Et tous les autres philosophes.

Le coup d'œil qu'il lance à Sepúlveda n'échappe à personne.

— Voulez-vous entendre saint Paul ? L'entendre vraiment ?

Il tend la main. Ladrada y glisse un papier sur lequel Las Casas jette un coup d'œil :

— Écoutez l'apôtre : « Il n'y a pas de Juif ni de Grec, il n'y a pas d'esclave ni d'homme libre, il n'y a pas de mâles ni de femelles, car vous êtes tous un dans le Christ Jésus. » Tous un ! Où voit-on dans ce texte les catégories d'Aristote ? Les étages d'humanité ?

Las Casas s'approche de l'estrade et calme sa voix.

— Éminence, dit-il, j'en aurai bientôt terminé. Il y a plus de quarante ans que je parle et je parlerai aussi longtemps que Dieu l'exigera de moi. Chacun de nous se demande sans doute, ici, à quoi Dieu, dès sa naissance, l'a destiné. Je me pose la même question. A plusieurs reprises, dans ma longue et pénible vie, je me suis demandé si Dieu n'attend pas de moi que je remplisse le ciel et la terre de pleurs et de gémissements. Je rappelle ce que m'a confié, il y a très longtemps, ce vieux dominicain qui me confessait. La seule chose que j'aie vraiment apprise : la vérité s'avance toujours seule et fragile, toujours attaquée par mille ennemis. Le mensonge au contraire a beaucoup d'auxiliaires. Le livre de mon adversaire, que nous devons juger ici — ne l'oublions pas —, est un de ces secours du mensonge. Comme le sont ses douze objections. Oui, car il défend l'idée d'une guerre juste, d'un homicide aimé par Dieu ! Et cela m'est inconcevable : je ne peux pas imaginer mon Dieu se félicitant de voir le sang couler sur notre terre. C'est un mensonge. Encore deux points, Éminence.

— Trois si vous voulez.

— D'abord, rappelons-nous qu'il est dit : Que le malheur soit sur celui à cause de qui le nom du Seigneur a été, une seule fois, blasphémé.

— Certes.

— Or, le nom du Seigneur, le nom du Christ, a été maudit et blasphémé des millions de fois à cause de nous.

Dans un silence, la voix du cardinal demande :

— Et votre second point ?

— Il concerne l'innocence et la violence, et comment la violence détruit l'innocence et change les brebis en loups. Les innocents, dans toutes les parties du monde, sont, de droit divin, sous la protection de l'Église. En les frappant, nous leur avons appris la cruauté et l'égoïsme. Nous les avons faits à notre image. S'ils étaient auparavant promis à l'enfer pour idolâtrie, ils y sont maintenant conduits, à coup sûr, par les vices qu'ils ont pris de nous. Ainsi nous avons prolongé, perpétué la chaîne du mal. J'ajoute, Éminence, que, dans les combats sans fin que se livrent les peuples, toute violence extérieure reste sans effet. Elle a même toujours l'effet contraire, que je viens de dire. Elle éveille la haine et la maintient comme une braise.

Il montre les Indiens en ajoutant :

— C'est dans leur cœur que nous devons briser les idoles. Dans leur cœur seulement.

Dans le silence qui suit, chacun se rend compte qu'il pleut. Les premières larges gouttes de l'orage frappent les vitraux. Plusieurs éclairs assez rapprochés se succèdent et font tressaillir les Indiens, et même certains moines. Le tonnerre court sur les toits de la ville. La femme serre contre elle son enfant.

Depuis une demi-heure, quelques gros cierges ont été allumés.

Le dominicain est près de conclure :

— Éminence, que pourrais-je dire de plus ? Nous désirons les faire tous chrétiens et nombre d'entre eux le sont déjà. Mais comment seraient-ils à la fois chrétiens et esclaves ? Comment les convaincre et les sauver, sinon en leur reconnaissant pleine et entière qualité d'homme ?

Le cardinal attend que s'éloigne un des passages du tonnerre, avant de demander :

— Que proposez-vous, frère Bartolomé ?

— De nous hâter, Éminence. C'est ce que je propose d'abord. Car à chaque minute que nous perdons ici, là-bas des êtres humains, pleinement humains, souffrent et meurent par notre faute. J'ai déjà eu l'occasion de le dire, au tout début. Je le redis.

— Mais concrètement, quoi ?

— Nous devons affirmer haut et fort qu'ils sont nos frères. Que rien ne nous distingue d'eux. Nous devons l'établir comme une vérité universelle, nous devons même en faire un point du dogme. Nous devons aussi préciser nos lois et, sachant par expérience que cela ne suffira pas, j'affirme qu'il faut maintenant rendre aux Indiens leur liberté première. Car ils sont libres par nature, et non pas esclaves.

— Par conséquent ? demande le légat, toujours méticuleux.

— Il faut que les Espagnols se retirent des terres nouvelles.

La phrase produit un certain effet, là encore. Plusieurs yeux se portent vers les deux colons, qui gardent l'immobilité.

Sepúlveda sourit. Las Casas remarque ce sourire :

— Ne souriez pas, lui dit-il, car nous avons tout à y gagner ! Les Indiens, le roi et l'Église y gagneront ! Oui, il est dans le grand intérêt de l'Église de maintenir les Indiens vivants et de les convaincre par la douceur. Surtout en ce moment, où un vrai schisme la menace.

Il ajoute en regardant le comte Pittaluga :

— Et c'est aussi dans l'intérêt de la Couronne. Je l'ai dit au roi, vous pouvez le lui répéter. Qu'on ne confonde pas quelques bateaux chargés d'or avec l'image que l'Espagne portera pour l'éternité.

Il revient au légat :

— Éminence, notre responsabilité est aujourd'hui immense, et les siècles qui viennent seront nos juges sans pitié. Oui, oui, il vaudrait mieux renoncer aux Indes. Sinon les nations européennes ne cesseront de blâmer l'Espagne, et à juste titre, pour tous ses crimes. Après quoi Dieu lui-même l'abandonnera, la maudira et la frappera durement.

— Non ! s'écrie Sepúlveda. C'est précisément le contraire !

— Comment cela, le contraire ? demande le cardinal.

— On tressera des louanges à l'Espagne, répond le professeur avec animation, pour avoir délivré la terre d'une espèce sanguinaire et maudite. Pour en avoir amené certains au vrai Dieu. Pour leur avoir appris tout ce que nous savons. Et surtout, on reconnaîtra nos efforts pour faire apparaître la vérité ! Je le dis dans mon livre et je le répète : notre rencontre ici, notre discussion n'a pas d'autre exemple dans l'histoire des nations. Elle sera tout à la gloire de l'Espagne ! Et pour longtemps !

— Vous le pensez vraiment ? demande le supérieur.

— Oui, je le crois. Je le crois fermement.

— Que Dieu vous entende.

— Je sais qu'Il m'entend.

Le cardinal regarde en direction du philosophe, qui s'était levé pour parler. Sepúlveda croit comprendre que le moment est arrivé de présenter ses conclusions. Il interroge :

— Dois-je m'exprimer maintenant ?

— Si vous le désirez, dit le cardinal. Nous vous écoutons avec tranquillité. Peut-être préférez-vous attendre la fin de l'orage ?

— L'orage ne me dérange pas.

— Eh bien, parlez.

Lui aussi, avant que s'achève la controverse, il se recueille un moment et même il ferme les yeux. Il paraît écouter le battement des gouttes qui s'écrasent sur les vitraux au plus fort de la pluie, tandis que les éclairs et le tonnerre s'éloignent déjà. Un rapide orage d'été, qui frappe et ruisselle. Les paysans disent, après ça, que la terre n'a presque rien bu.

Sepúlveda rouvre les yeux et commence d'une voix tranquille :

— J'admets que les problèmes qui nous ont agités dépassent de très loin l'autorisation que j'ai demandée, et que je demande toujours, de publier mon livre. Il ne s'agit que d'un objet de papier, très vite guetté par l'oubli ; à moins qu'il ne soit déjà, comme certains livres privilégiés, une de ces pierres écrites qui traversent les siècles sans s'effriter. Nous ne pouvons pas le savoir. Je n'en discute plus. Je dis, pour parler des réalités de maintenant, que la question n'est pas d'abandonner les Indes. Nous savons bien qu'il s'agit là d'un rêve et que toujours nous resterons là-bas. Les choses sont ainsi. Aucun mouvement de l'histoire ne s'inscrit au rebours du temps. Trop nombreux sont déjà les hommes qui ont choisi ce nouveau monde. D'autres s'y dirigent chaque jour, et pas seulement d'Espagne. On ne les en chassera pas. Gardons-nous de toute illusion. La vraie question est la seule qui se pose à tout philosophe : Que devons-nous et que pouvons-nous faire ?

Ceux qui le connaissent, dans la salle, se doutent qu'il a gardé quelque argument inattendu, qui ne figure pas dans ses objections écrites publiquement présentées. Las Casas lui-même redoute une manœuvre du dernier moment. Il sait l'habileté de l'homme, et surtout son orgueil. Plutôt que de perdre, à ce qu'on raconte, il irait jusqu'à renier sa conviction la plus personnelle. Quel détour son esprit a-t-il mis en réserve ?

— Ce que nous devons faire ? Frère Bartolomé, vous l'avez dit vous-même. Nous devons les faire chrétiens. Hors de cela, aucun bien dans cette vie, aucun salut dans l'autre.

La plupart des assistants approuvent de la tête. Las Casas lui-même n'a rien à objecter.

— Comment les convertir ? reprend le philosophe. En combien de temps ? A quel prix ? C'est la seconde partie de la question, et sur ce point, frère Bartolomé, nous différons.

Il marque encore une courte pause, pour bien souligner les articulations savantes de son discours. Nourri dans la rhétorique, il sait le prix d'un discours harmonieusement organisé, il apprécie, il cultive les enchaînements impeccables, qui ne peuvent laisser la plus légère brume dans l'esprit de ceux qui l'écoutent. Il aime à dire qu'une belle argumentation est une lumière qui avance sur un chemin qu'on jugeait dangereux, et qui soudain devient aisé, sans ornières, sans aucune ombre ; un chemin où le voyageur rassuré, bien conduit, n'éprouve pas un seul instant le désir de jeter un coup d'œil sur les côtés, ou en arrière.

Il continue ainsi :

— Vous avez dit pour terminer : chrétiens et esclaves, non. Cela vous paraît impossible, car les deux termes s'excluent l'un l'autre. Dirons-nous donc : chrétiens ou esclaves ? Pas davantage, vous me l'accorderez, puisqu'ils ne veulent pas, en tout cas pas tous, devenir chrétiens. Outre que ce marché ne me semble pas des plus dignes, et sur ce point nous sommes bien d'accord. Que faire par conséquent de ceux qui ne veulent pas devenir chrétiens, et que vous ne voulez pas laisser dans l'esclavage ? Je ne vais pas vous répondre moi-même. Je vais demander à saint Luc de le faire, lui qui recueillit la parole même du Christ. Or, voici ce que nous dit l'évangéliste : *Compelle eos intrare*. Force-les à entrer. Tout le monde ici connaît cette phrase.

La plupart des têtes s'inclinent.

— Comment donc les forcer à entrer ? reprend le philosophe en élevant peu à peu sa voix. Je ne vois qu'une solution raisonnable, qui tienne compte de la réalité, et qui satisfasse à la logique. Cette solution est précisément, frère Bartolomé, celle qui vous paraissait impossible. Elle consiste, justement, à les laisser esclaves tout en essayant de les faire chrétiens, pendant quelque temps en tout cas, en attendant une conversion générale. Elle consiste aussi à dire, comme cela se fait déjà : qui devient sincère chrétien cesse *ipso facto* d'être esclave. Car c'est cela qui nous importe, qui constitue notre devoir majeur.

— Éminence, s'écrie Las Casas, et s'ils persistent dans leur refus de venir à la foi ? Resteront-ils esclaves à jamais ?

— S'ils persistent, répond aussitôt le philosophe, leur sort est entre les mains de Dieu. Il ne dépend plus des hommes, qui auront fait tout leur possible. Je l'ai dit, le Seigneur a déjà manifesté son sentiment, en les affaiblissant devant nous, en les dispersant, en les détruisant de mille manières. Laissons-le poursuivre son œuvre.

— Pendant combien de temps? demande le cardinal.

— Nous n'avons pas à fixer à Dieu une limite dans le temps. Car il échappe au temps, c'est même son premier privilège. Il n'opère pas selon nos critères et il sait toujours ce qu'il fait. Il accueille ceux qui le choisissent et il élimine les autres. Travaillons avec lui. Ouvrons les bras aux nouveaux chrétiens, si leurs sentiments sont sincères. Et pressons la disparition des autres en les laissant dans l'esclavage où Dieu les a mis.

Il s'adresse à Las Casas:

— Chrétiens les uns, et esclaves les autres. A eux le choix.

Le dominicain veut intervenir, mais le légat ne lui donne pas la parole. Au contraire: il indique à Sepúlveda de poursuivre. Il paraît soudain très intéressé.

La pluie, qui a rafraîchi l'air, s'éclaircit. Dans la salle capitulaire, les moines ont rangé leurs mouchoirs. Tous devinent l'approche — minutieusement calculée — d'un moment décisif.

Sepúlveda reprend la parole:

— La conquête a prouvé — si besoin était — la validité de la foi chrétienne. Il reste bien entendu les musulmans, qui ont fait régner le mal sur un vaste empire pendant des siècles, mais ils sont maintenant très affaiblis. Leur fin est proche, tout l'indique. La terre est à la veille d'une ère de très grande lumière.

Il s'adresse cette fois au franciscain :

— Je reprends ce que vous disiez, frère Pablo. Oui, je suis moi aussi de ceux qui pensent que le règne de la vraie foi est proche. Je crois qu'il va s'installer bientôt dans le cœur de tous les hommes. Et qu'il durera un millier d'années.

Il montre alors du doigt les Indiens et demande :

— Et vous voudriez les en tenir exclus ?

Personne ne bouge ni ne parle. La suite est très vivement attendue.

— Vous accepteriez que des générations et des générations d'esclaves se succèdent, réfractaires à la vraie foi, et par là même condamnées à une double vie de souffrance, l'une passagère sur la terre, l'autre éternelle dans l'enfer ? Cette période de transition dont je parlais, ne savons-nous pas qu'elle doit être aussi brève que possible, même si elle nous paraît dure ? Comprenons-nous bien la parole de Luc ? Force-les à entrer ! A entrer dans la vérité, à entrer dans le règne et dans le paradis du Christ, qu'ils sont trop faibles pour choisir par eux-mêmes ! Tout le sens de ce que je veux soutenir est ici !

Son ton s'est animé, sa voix remplit la salle. Il demande alors, en plaçant cette interrogation entre deux silences pour en souligner l'importance :

— Quel est le bien suprême ?

La réponse, comme on s'y attend, il va l'apporter lui-même ; ce qu'il fait en s'adressant au dominicain :

— Vous parliez par saint Paul, je réponds par saint Augustin. Le bien suprême est le salut de l'âme : « La perte d'une seule âme non munie du baptême, a dit Augustin, est un malheur plus grand que la mort d'innombrables victimes, même innocentes. »

Il n'a eu besoin d'aucune note pour prononcer cette phrase fameuse, pour dresser, en face de l'apôtre Paul, la parole expérimentée du plus célèbre des penseurs chrétiens d'autrefois, celui qui n'hésita pas à envoyer aux flammes des milliers d'hérétiques, pour sauver malgré eux leur âme entêtée à persévérer dans l'erreur. Tous les assistants, ici, ont eu connaissance du supplice des donatistes, par exemple ; et tous l'ont approuvé, pour la gloire de Dieu.

Sepúlveda désigne à son tour les Indiens, et même il fait quelques pas dans leur direction, comme Las Casas.

Il déclare alors avec une vraie gravité :

— Voilà pourquoi nous tenons si ardemment à les convertir. Avec tous les moyens dont nous disposons. Parce que sans cela leur âme est perdue. Et que rien, en ce monde ou dans l'autre, n'est plus précieux que leur âme. Tous les textes des pères de l'Église l'affirment : tous ceux, quels qu'ils soient, mahométans ou juifs, ou bouddhistes, ou sauvages, qui n'auront pas été baptisés, tous, sans exception, seront jetés dans le feu éternel où ils brûleront sans se détruire ! Ai-je bien lu les textes, ou suis-je dans l'erreur ?

— Vous avez bien lu, dit le cardinal.

— Voilà pourquoi les vrais chrétiens se pressent, pourquoi ils mettent tant d'efforts à porter dans les terres nouvelles la parole de vérité.

Il s'approche encore des Indiens, il les montre, il les touche presque :

— Pour les sauver ! Pour sauver leur âme ! Pour leur donner la possibilité de s'assurer le salut éternel !

Car ce n'est pas leur corps, ce n'est pas leur matière provisoire qui importe à Dieu. Si nous devons nous presser — et sur ce point nous sommes d'accord, frère Bartolomé et moi —, c'est pour sauver leur part d'éternité. Je le répète : pour sauver leur âme.

Assez étrangement, c'est le franciscain qui lève la main dans le silence et qui demande, avant même qu'on l'y autorise :

— Vous admettez donc qu'ils ont une âme ?

Sepúlveda ne paraît en aucune manière désarçonné, ni même gêné par cette question, qui revient une fois de plus. Il paraît même apprécier qu'elle lui soit posée dans ces termes.

— Je désire être bien compris.

Tout indique, dans son attitude, qu'il parvient enfin à sa conclusion.

— J'ai dit et je dis encore qu'ils n'ont pas une âme comme la nôtre, de même qualité, il s'en faut de beaucoup, et que nous n'avons aucune raison de les traiter comme nous-mêmes. J'ai donné là-dessus des arguments nombreux. Certains sans doute ont été retenus. Je ne les répéterai pas.

Le cardinal lui fait un signe : inutile en effet de tout recommencer.

— Toutefois, dit Sepúlveda, puisque la raison demande, et même exige, que toutes les possibilités soient envisagées, j'accepte de prendre le contraire de ma certitude, et je suis ici le seul à le faire (un regard, à cet instant-là, vers Las Casas). J'admets que je peux me tromper et parler malgré moi dans l'erreur. Eh bien, au cas où je me tromperais, ce que je reconnais possible, au cas où Aristote se tromperait, s'ils sont nos semblables et nos égaux, si leur âme est identique à la nôtre, alors je dis qu'elle est la perle la plus précieuse de la création et qu'à tout prix nous devons la sauver !

Il s'avance lentement pour prononcer les dernières phrases. Il devient très fort, très persuasif, d'une autorité menaçante :

— Je pose une dernière question, et je la pose à tous. Que vaut-il mieux, une vie terrestre sans gloire, dans l'erreur et dans le péché, suivie d'une éternité de souffrance ? Ou bien une vie plus courte, plus dure peut-être et plus tôt frappée par la mort, mais suivie d'une éternité de lumière auprès du vrai Dieu vainqueur ?

Il marque une dernière pause avant de conclure :

— Est-il quelqu'un ici qui ne connaisse pas la juste réponse ?

14

Pour finir, le philosophe a frappé juste et fort. Il le sait. Cette arme du dernier moment — la possibilité qu'il reconnaît de se tromper —, loin de l'affaiblir, lui permet de clore avec sûreté son discours. Il n'a rien à se reprocher. Ses deux arguments se referment comme une pince. Si le cardinal choisit de ne pas le suivre, il devra surpasser la logique, ou l'oublier, au profit du sentiment par exemple, ou d'une raison de circonstance. Sur le terrain de la discussion pure, de la controverse proprement dite, en gardant pour la fin son irréfutable dilemme — car il n'a pas, il ne peut pas avoir le moindre doute sur la foi de tous ceux qui l'entourent et qui par conséquent mettront toujours au plus haut le salut de l'âme —, Sepúlveda vient de marquer le point vainqueur.

Il se tait et retourne à sa place.

Le légat l'interroge.

— Vous avez terminé ?

— Oui, Éminence.

Roncieri s'adresse alors à l'assistance :

— Qui désire encore parler ? Vous peut-être ?

Il s'est tourné vers le père supérieur, lequel réfléchit quelques secondes avant de répondre que tout, maintenant, lui semble dit. Même en cherchant bien, il ne voit pas ce qui pourrait être ajouté, ou précisé.

— Comte Pittaluga?

Le comte secoue la tête. Rien.

— Personne? demande le cardinal en haussant la voix.

A ce moment, l'un des deux cavaliers, Ramón, lève la main droite et demande :

— Moi, je peux dire quelque chose?

— Mais certainement. Avancez.

L'homme quitte son banc et s'avance jusqu'au centre de la salle, sans un seul regard pour les Indiens. Son attitude est contradictoire. D'un côté, peu habitué sans doute à parler en public, en tout cas devant ce public-là, il indique par tous ses gestes une soumission apparente, presque de la timidité. En même temps, sa seule manière de se lever et de marcher montre un corps exercé, sûr de lui, presque arrogant parmi ces moines malhabiles.

Il incline la tête devant le légat.

— Moi, je parle pas très bien. Je n'ai pas appris. Mais ce que j'ai à dire, tout le monde ici doit le savoir.

— Nous vous écoutons tous.

— Nous sommes venus, mon ami et moi, envoyés par tous nos amis, pour parler de notre installation là-bas, de notre vie... De tous les problèmes que nous avons... Il faut travailler avec eux, on n'a pas le choix...

Il fait un geste rapide et méprisant vers les Indiens, sans les regarder.

— Mais ils sont sales et paresseux, ils sont voleurs, ils n'ont pas de parole...

Las Casas reprend vivement la parole pour lui demander :

— Et pourquoi devraient-ils s'échiner pour vous ? Pourquoi devraient-ils vous complaire ?

— Frère Bartolomé, dit le cardinal, vous avez assez parlé. Écoutez maintenant les autres.

Il fait un signe au cavalier, qui reprend avec plus d'assurance :

— Il faut en tout cas savoir une chose. Si nous devons les payer, les traiter comme des chrétiens, leur accorder des lois, nous occuper d'eux et de leurs familles, ça va coûter beaucoup d'argent... Beaucoup... Ce n'est peut-être pas l'endroit pour parler d'argent ici, mais...

Le légat lui fait signe de continuer, comme pour dire : l'argent n'est pas gênant. L'homme continue :

— Cet argent, il faudra le soustraire aux revenus de la Couronne, et aussi aux revenus de l'Église... C'est sûr. On ne pourra pas faire autrement... Il fallait quand même que je le dise...

On note quelques mouvements divers sur les bancs. Certains se parlent à voix basse.

— Dans quelles proportions ? demande doucement le prélat.

— Oh, dans des proportions énormes. C'est tout le système qu'il faudra changer. Si on veut maintenir l'administration, l'armée et aussi les couvents, les églises, il faudra envoyer de l'argent là-bas au lieu d'en recevoir. Hein ?

Il s'est adressé à l'autre cavalier, qui se tient debout à quelques pas derrière lui et qui répond :

— C'est sûr. Beaucoup d'argent.

— Tout a été calculé, depuis le début, d'une certaine manière, reprend l'homme. On nous a indiqué des terres et des hommes pour les travailler, en nous laissant une part du profit. On nous a signé un contrat. Sur notre part nous pouvons payer des impôts, et même faire des dons. Aux couvents, en particulier. Maintenant, si tout le système vient à changer...

Il n'achève pas sa phrase, mais le sens en reste très clair.

Le cardinal observe pendant quelques instants, posées sur la table, ses mains gantées de blanc et la bague qui les décore. Puis il relève la tête et demande à l'homme :

— Vous qui les connaissez bien, dites-moi, vous pensez qu'ils ont une âme comme la nôtre ?

— Moi, l'âme, je ne sais pas, répond le colon, je ne peux pas dire. Ce que je sais, c'est que les miens refusent de croire aux miracles du Christ. On a beau faire, ils reviennent à leurs idoles. Ils les cachent, ils les enterrent dans les champs. Quand je leur parle de miracles, ils me répliquent : « Fais-en, toi, des miracles ! » Comme je ne peux pas, naturellement, alors ils évitent l'église, ils continuent à se voir entre eux pour prier, ils font semblant de croire aux sacrements. Oui, ils font semblant, parce que souvent ils sont dissimulés, et ils nous flattent. Et puis ils n'ont pas de reconnaissance pour tout ce qu'on leur a appris.

— Appris ? s'écrie Las Casas. Mais appris quoi ? La torture ? La vérole ?

Une fois de plus le prélat demande au dominicain de se taire, de ne pas troubler l'homme interrogé.

Celui-ci répond tranquillement qu'on ne leur a pas appris la torture. Ça, dit-il, ils savaient déjà. Il ajoute :

— Nous leur avons donné des outils, des livres, des habits... Nous leur avons montré comment fonctionne une arme à feu... Comment se battre à l'épée, comment cuisiner à l'espagnole, comment planter de la vigne, des oliviers... Et puis, autrefois, ils ne pouvaient rien décider de leur plein gré, ils étaient esclaves, et nous on les a libérés... Mais cette liberté, ils n'y sont pas habitués, ils ne savent pas comment vivre libres, ils abusent de cet état...

— Par exemple ?

— Eh bien par exemple ils refusent de travailler, ils croient qu'ils ont le droit de ne rien faire... Ils croient que c'est ça, la liberté... Ils se couchent dans des hamacs et ils bavardent pendant des heures pour ne rien dire... Ou même ils s'enfuient, ils se cachent pour échapper au travail...

Las Casas ne peut pas rester dans la tranquillité qu'on lui a prescrite. Il s'écrie :

— Mais combien de fois devrons-nous écouter ce chapelet d'idées reçues ? Ce discours est un masque, toujours le même, qu'on pose sur la réalité ! Il n'a pour fondement que notre certitude de supériorité ! Ces gens-là ne font rien comme nous, n'ont pas les mêmes conceptions, ni les mêmes manières de vivre, ils refusent de nous imiter, ou pour être plus précis de nous obéir, par conséquent ils nous sont inférieurs ! C'est parce qu'ils refusent d'être soumis que nous avons le droit de les soumettre ! Voilà, en définitive, le chef-d'œuvre de votre logique !

Il s'est naturellement adressé à Sepúlveda. Mais le philosophe ne bronche pas. Il semble n'avoir plus rien à formuler, plus aucune envie de répondre. Le cardinal, qui pour une fois a laissé parler le dominicain, fait un signe au colon.

Celui-ci dit alors, en désignant rapidement les Indiens mais en évitant toujours de les regarder :

— Et puis ils sont faibles de corps, ce qui est mauvais pour le travail. Ils meurent de maladies légères et la population décroît. Il devient de plus en plus dur d'en trouver. Ils font peu d'enfants, ils vieillissent vite. Nous, on ne sait plus comment faire. Si en plus il faut les payer, autant renoncer aux Indes... Aux bénéfices du commerce aussi bien qu'au salut de leurs âmes... Ça, il fallait quand même le dire...

Le silence revient, vite brisé par le cardinal, qui s'adresse à l'homme :

— Vous ne parlez pas si mal que ça.

— Je parle avec franchise, Éminence.

— Bien. Je vous remercie.

L'homme s'incline et regagne sa place. Le cardinal croise ses deux mains sur la table et réfléchit pendant plusieurs minutes. Ce temps paraît très long. Tout le monde s'attend à une décision. A la fin, comme s'il sortait d'une rêverie, il demande :

— C'est terminé ? Ou quelqu'un désire-t-il encore se faire entendre ?

La question reste sans aucune réponse. Peut-être se l'est-il posée à lui-même ? Chacun des participants regarde devant soi, sans même lever les yeux, sans même chasser les mouches de la main. On dirait que tout est devenu pierre.

Le légat ramène son regard sur ses gants. Il laisse encore s'écouler une minute avant d'avouer :

— Je ne donnerai pas ma décision maintenant. J'ai besoin d'une soirée de réflexion et de prière. Nous nous retrouverons demain matin, pour la dernière fois.

Il se lève aussitôt.

Un coup de claquoir. En un instant, tous les pétrifiés sont debout. Leurs lèvres s'ouvrent pour le psaume du soir.

Plus tard, au commencement de la nuit, le cardinal est seul dans son appartement. Sans être vu, par une fenêtre, il regarde la cour déjà sombre. L'heure de sa solitude est venue.

Les Indiens sont assis dans leur coin, devant un feu allumé. Ils ont remis les couvertures sur leurs épaules et des moines leur portent des bols de nourriture, qu'ils mangent avec leurs doigts. Le supérieur du couvent proposait de les renvoyer, de les loger dans quelque hospice de la ville. Le légat a préféré les garder encore une nuit, pour qu'ils puissent assister à la décision. Il les a fait venir de loin. Sans doute se sent-il responsable de leur état, de leur santé. Il n'oublie pas qu'à cause de lui — indirectement — une femme est morte dans le voyage.

Le vrai. La vraie foi. La vérité. Ces mots n'ont pas cessé d'être prononcés, par les uns et par les autres, pendant quatre jours. Pour le cardinal, qui est ce qu'il est, aucune ombre de doute ne peut glisser sur cette notion de vérité. Il est au temps où Dieu vit encore parmi les hommes et les suit de près, sur une terre énorme au centre d'un cosmos bien organisé autour d'elle. Dieu voit et mène toutes choses. Le déisme, qui l'éloignera, et l'athéisme, qui se passera carrément de lui, le cardinal peut les imaginer, sans doute, comme une étrange et absurde menace, mais il ne peut en aucune manière les accepter.

Si savant et exercé que soit son esprit, si adroite son intelligence, si vigilante sa conscience, toutes ces qualités précieuses ont une limite, qui est précisément la vérité. Pour le cardinal Roncieri, cette vérité agit comme une cage où il est né et dans laquelle il s'est développé, sans jamais voir qu'elle était une cage. Hors d'elle, dans la ténèbre, sont les territoires de l'ignorance et de l'erreur, qui répugnent souvent à entrer dans la cage, à tel point qu'il faut les forcer. Dans la cage seule, tenue par la main bienveillante du Créateur, règnent la paix, la tranquillité de la certitude. Dans la cage seule le monde est correctement établi.

Le visage du cardinal est grave. Quand il est seul, cette gravité lui est coutumière. Sans toucher à la nourriture posée sur sa table, il s'écarte lentement de la fenêtre et s'agenouille sur un prie-Dieu. Il se recueille un instant, la tête baissée, puis il lève les yeux vers le crucifix, comme pour interroger une fois de plus cette image de simple et ancienne souffrance.

Quelqu'un frappe à la porte.

— Entrez.

Le jeune moine pénètre dans la pièce, une lettre à la main.

— Le comte Pittaluga ne veut pas vous déranger ce soir. Il voudrait que cette lettre vous soit remise. Je pense qu'elle vient du roi.

Le cardinal se relève du prie-Dieu, prend la lettre et la regarde, sans la décacheter.

— Vous ne la lisez pas ? demande le jeune moine, qui paraît étonné.

Le cardinal secoue doucement la tête en répondant :

— Je sais déjà ce que le roi veut me dire.

Il pose la lettre intacte sur la table, en ajoutant :

— D'autres me l'ont dit.

15

La nuit a fait oublier l'orage. Voici à nouveau le soleil d'été, dès le matin.

L'ensemble des participants se lève à l'entrée du cardinal, qui regagne pour la dernière fois son estrade en prenant soin de ne pas trébucher — mais la marche a été très soigneusement réparée, ce qu'il ne sait pas.

Coup de claquoir : tous s'asseyent, même les Indiens, pour qui un banc a été mis en place.

Le comte Pittaluga, assez renfrogné, est toujours présent. Sans doute a-t-il décommandé la chasse.

Le cardinal, quand tout est calme, se relève soudainement. Coup de claquoir : les présents se relèvent. C'est debout qu'ils vont écouter la déclaration officielle, avec un effort de solennité.

Il commence par ces mots, sans même, ce matin, prendre le temps d'une prière :

— Mes chers frères, ma décision est prise. Comme je l'ai dit, je ne doute pas qu'elle sera confirmée par Sa Sainteté et par l'Église tout entière.

Les plumes des deux assesseurs ont repris la course sur le papier. Le cardinal hausse la voix pour dire ce que tous attendent :

— Les habitants des terres nouvelles, qu'on appelle les Indes, sont bien nés d'Adam et d'Ève, comme nous. Ils jouissent comme nous d'un esprit et d'une âme immortels et ils ont été rachetés par le sang du Christ. Ils sont par conséquent notre prochain.

Un sentiment de joie paraît sur le visage de Las Casas. Il a été entendu. Il regarde Ladrada, son vieux compagnon, qui semble pour sa part au bord des larmes. Il regarde aussi les Indiens, à qui le franciscain tente de traduire à voix basse.

Le légat dit encore, sans se précipiter, pour que chaque mot soit lourd et clair :

— Ils doivent être traités avec la plus grande humanité et justice, car ils sont des hommes véritables. Cette décision, conforme à la tradition charitable de la tradition catholique, sera proclamée dans toutes les églises de l'Ancien et du Nouveau Monde.

Il ajoute, comme une simple formalité, que le *Democrates alter* du professeur Sepúlveda, qui fut le prétexte de la controverse, ne reçoit pas l'imprimatur. Il ne sera pas publié sur les territoires espagnols. Après quoi il se tait et regarde l'assistance avant de déclarer la dispute achevée.

Sepúlveda lève la main et se permet alors une dernière intervention :

— Éminence, pardonnez-moi, je respecte naturellement votre choix, mais avez-vous réellement examiné l'extrême importance de ces paroles ?

— Me soupçonnez-vous de légèreté ? dit le cardinal, qui semble étonné.

— Non, à coup sûr. Mais vous devez savoir, comme on l'a expliqué ici, que vous condamnez à la ruine tous les établissements espagnols.

— Qu'appelez-vous la ruine ?

— L'impossibilité de... de cultiver, de vivre décemment, répond le philosophe.

— N'avez-vous pas dit vous-même que le salut de l'âme prévalait sur tout autre but?

— Certes, je l'ai dit.

— Voudriez-vous que ces hommes, demande le légat en montrant les colons, gagnent leur vie et perdent leur âme? A quoi leur servirait la richesse ici-bas, si de l'autre côté ils devaient la payer dans les flammes qui ne s'éteignent pas?

Sepúlveda ne trouve rien à dire. Ce piège où il est pris, il l'a tendu lui-même. Le cardinal l'interroge encore:

— Professeur, avez-vous encore quelque leçon à me délivrer? Est-ce que je vous donne un instant, par exemple, l'impression de ne pas avoir réfléchi?

— Certes non, Éminence.

— Croyez-vous que je n'ai pas mesuré ma charge, que je n'ai pas prié, pendant des nuits entières? Croyez-vous que je ne me rende compte de tout ce que j'engage, qui ne sera plus jamais comme avant? Croyez-vous un instant que Dieu aurait pu m'abandonner au moment de choisir parmi ses créatures?

— C'était une simple remarque, dit Sepúlveda. Je me la suis permise car je note autour de moi, comme vous sans doute, un embarras certain.

Sur ce point, le cardinal ne peut le contredire. Cet embarras, il le sent lui aussi, comme si la décision prise — finalement peu surprenante — laissait une insatisfaction. D'ailleurs, le ton quelque peu irrité sur lequel il vient de répondre à Sepúlveda montre que le prélat n'a pas l'âme sereine, parfaitement calmée, comme elle devrait être.

Tout à coup, la voix du supérieur, qui parlait avec les deux cavaliers, s'élève :

— Éminence !

Quittant les deux hommes, traversant une salle qui donne des signes de nervosité et où certains même discutent vivement, le supérieur s'approche du cardinal et lui parle à voix basse. Une idée vient d'apparaître, lui dit-il, envoyée par Dieu, au dernier moment. Elle pourrait tout arranger, tout apaiser, être acceptée par tous ceux qui sont là.

Le supérieur se rapproche encore et parle à voix basse à l'oreille du légat, qui l'écoute attentivement. Dans la salle, debout, tous le regardent. Un assez long moment.

Las Casas, qui avait commencé le rangement de ses papiers, s'arrête.

Quand le supérieur a fini, le cardinal réfléchit un instant, puis il hoche la tête et agite sa sonnette.

Tous se préparent à l'écouter.

Il réfléchit encore un instant dans le silence — choisissant avec soin ses mots —, puis il déclare :

— Si rien ne peut être enlevé à ce que je viens de dire, on commettrait cependant une grande erreur en pensant que l'Église ne tient aucun compte des intérêts légitimes de ses membres.

Las Casas dresse l'oreille. Il est soudainement inquiet.

— Nous sommes en effet très sensibles, poursuit le prélat, au coup porté à la colonisation. Nous comprenons bien tout le dommage qui peut s'ensuivre. Mais il existe peut-être une solution, que je viens de me rappeler.

Il cherche quelque peu ses mots, avant de continuer ainsi :

— S'il est clair que les Indiens sont nos frères en Jésus-Christ, doués d'une âme raisonnable comme nous, et capables de civilisation, en revanche il est bien vrai que les habitants des contrées africaines sont beaucoup plus proches de l'animal. Ces habitants sont noirs, très frustres, ils ignorent toute forme d'art et d'écriture, ils n'ont construit que quelques huttes... Aristote dirait que, comme le veut la nature de l'esclave, ils sont des êtres totalement privés de la partie délibérative de l'esprit, autrement dit de l'intelligence véritable. En effet, toute leur activité est physique, c'est certain, et depuis l'époque de Rome ils ont été soumis et domestiqués.

Ces considérations ne soulèvent dans la salle aucun étonnement marqué. Le légat ne fait qu'énoncer là quelques lieux communs, que tous sont prêts à accepter — même si Las Casas et Ladrada montrent une inquiétude grandissante.

Le cardinal demande aux deux colons :

— Des Africains ont déjà fait la traversée ?

— Oui, Éminence, répond Ramón. Depuis les premiers temps de la conquête.

Certains — mais sans le formuler — peuvent être surpris de l'ignorance du légat. Peut-être, à Rome, n'en parle-t-on que rarement ? Ici, dans la péninsule, on sait bien qu'à plusieurs reprises, déjà, le roi d'Espagne a permis le transfert de milliers d'esclaves d'Afrique ; quatre mille dès 1518, cinq autres milliers par la suite, et cela sans parler des transports clandestins. Le supérieur du couvent, à voix basse, rappelle tous ces faits au prélat, ou fait semblant de les lui rappeler. Quel jeu se joue ? On ne sait pas au juste. Le prélat s'enquiert :

— Ils s'adaptent vite au climat, j'imagine ?

— Ils sont même assez résistants, répond Ramón.

— Qui les expédie ?

— Au début, les Portugais surtout. Ils les capturent, les transportent, puis ils les revendent. Très cher d'ailleurs. Des Espagnols aussi s'y sont mis. Des Anglais...

— Ils acceptent leur condition ? Ils ne se révoltent pas ?

Personne ne se hasarde à répondre avec précision. Quelques moues, quelques haussements d'épaules légers. Incertitude, ou bien choix de se taire.

— Je ne peux évidemment que le suggérer, dit le cardinal, mais pourquoi ne pas les ramasser vous-mêmes, en nombre suffisant ? Vous auriez ainsi une main-d'œuvre assurément robuste, docile et encore moins dispendieuse. La mortalité des Indiens s'en verrait ainsi compensée. Je suppose qu'en Afrique ça se trouve facilement ?

— Leurs rois eux-mêmes les vendent, affirme alors le cavalier.

Le court silence qui suit est cette fois rompu par Sepúlveda :

— L'esclavage est une institution ancienne et salutaire, qui répond aux classifications de la nature et qui permet la préservation de la vie. Cela s'est maintes fois remarqué dans l'histoire. Les esclaves sont un réservoir de vie. Leur immense apport, constamment renouvelé, permet la sauvegarde de l'espèce humaine de catégorie supérieure, la seule qui compte aux yeux du Créateur.

Tous — sauf Las Casas et Ladrada — approuvent de la tête. Le phénomène naturel que vient d'évoquer le philosophe est bien connu. Il est ici indiscutable. Sauvons les meilleurs.

Sepúlveda demande alors :

— L'Église ne s'opposerait pas à ce type d'expéditions ?

— Pourquoi s'y opposerait-elle ? demande le prélat.

Il ajoute en se retournant vers le comte Pittaluga :

— Est-ce que la Couronne s'y oppose ? Bien au contraire. Quelle raison pourrait avoir l'Église ?

Sepúlveda n'a rien à répondre. Las Casas, à ce moment-là, intervient :

— Éminence, le roi jusqu'à maintenant n'a accordé que des autorisations particulières, non sans réticence et regret, pour subvenir au manque de bras. Si l'Église autorise officiellement cette opération, cela risque très rapidement de devenir un grand commerce. L'appétit de l'argent peut conduire à tous les abus.

— Et à des guerres, ajoute Sepúlveda lui-même. A des révolutions.

Même le philosophe paraît désemparé. Son inquiétude est évidente devant une idée imprévue. Une large dimension des événements lui échappe. Sur le moment, tout ce qu'il peut y entrevoir est sombre, hérissé de dangers, très vague.

Le légat s'adresse à Las Casas :

— A vous entendre, rien ne peut être pire que ce qui déjà se pratique. Vous-même, il me semble, vous avez eu un esclave noir ?

— Pendant peu de temps, Éminence, répond Las Casas. Et jamais je ne l'ai tenu pour un esclave.

— Vous étiez satisfait de son service ?

— Éminence...

Las Casas ne peut pas répondre. Il est pris d'embarras. La faute de sa vie — de laquelle personne, jusqu'à maintenant, n'a voulu parler — vient en un instant d'apparaître, produite par le légat lui-même. La situation, qu'il croyait gagnée, se retourne subitement en sa défaveur. Il se sent perdu, vacillant.

Et le cardinal insiste :

— N'avez-vous pas déclaré vous-même, si je me souviens bien, que c'était une très bonne solution ? Et que vous la recommandiez ? L'idée, même, ne venait-elle pas de vous, pour protéger vos chers frères indiens ?

L'attitude du dominicain paraît proche, à présent, de celle d'un coupable pressé jusqu'aux aveux.

— Je l'ai dit, oui, dans ma jeunesse. Et pour épargner les Indiens, oui, c'est vrai. Quel démon m'agita ce jour-là ? Je ne sais pas. Éminence, j'ai vite changé, comme nous changeons tous. J'ai passé la suite de ma vie à regretter ces mots, à me les reprocher, à me repentir. Je m'en suis même confessé. J'ai cru, et je crois, que le paradis me sera peut-être fermé à cause de ces mots-là. Aujourd'hui encore j'ai honte de mes paroles et j'affirme au contraire...

— C'est bien, c'est bien, dit le cardinal, qui paraît soudain pressé, décidé à ne plus rien entendre.

Mais le dominicain veut achever :

— J'affirme que les Africains sont des hommes comme les autres ! Nous nous sommes trompés sur eux, depuis des siècles ! Ils sont des fils d'Adam ! Le Christ est mort tout aussi bien pour eux ! Ce serait une erreur grave, un péché mortel de...

Le cardinal saisit la sonnette et l'agite.

— Non, non ! Allons, c'est bien ! Frère Bartolomé, nous n'allons pas recommencer ! Nous ne sommes pas ici pour ça ! Allons !

Le cardinal se lève en disant ces mots, montrant bien que la controverse est terminée. Las Casas veut s'avancer, parler encore. Ladrada le retient par le bras. Le thème proposé à la controverse a été longuement traité. Une conclusion claire est apparue, le devoir de cette assemblée est accompli. Toute insistance, toute autre protestation serait inutile; peut-être même dangereuse.

Le cardinal se tourne vers l'un de ses assesseurs :

— Nous rajouterons un codicille. Préparez-moi une rédaction.

L'assesseur hoche la tête. Il a compris. Il est assez facile d'imaginer que la rédaction du codicille sera prudente. Quant aux raisons profondes du cardinal, personne n'ose ici les explorer, ni même les imaginer.

Il s'adresse à toute l'assistance :

— Au nom de Sa Sainteté, je vous remercie pour votre aide. Rendons grâce à Dieu d'avoir été parmi nous jusqu'au dernier moment.

Il lève son bras pour bénir.

— *In nomine patris, et filii et spiritus sancti.*

Tous se signent, et la tension s'évanouit.

Dernier coup de claquoir. Le cardinal descend de l'estrade, accompagné de ses assesseurs, et traverse la salle. Tous s'inclinent sur son passage. Il salue à droite et à gauche, de petits mouvements de tête. Il est vaguement souriant. Son rôle obscur vient de se terminer.

Quand il est sorti, les autres se forment en petits groupes qui commencent à bavarder, en se dirigeant vers la porte ouverte. On fait sortir les Indiens. Le franciscain leur dit quelques mots en nahuatl. Que vont-ils devenir? Personne ne le sait.

Sepúlveda achève de ranger ses documents. Il incline sa tête en direction de Las Casas, saluant ainsi son adversaire victorieux. Mais le dominicain ne semble guère fier de sa victoire. Lui aussi, aidé par le vieux Ladrada, il range ses livres et ses papiers, qu'il laisse sur la table. Assez désemparé — aurait-il dû protester plus fort et plus longtemps ? — il se dirige à son tour vers la porte.

Il rencontre au passage le comte Pittaluga, qui lui cède le pas.

La grande salle se vide assez rapidement.

Bientôt, il ne reste que le jeune moine qui tient le claquoir, près de la porte. Il attend que tout le monde se soit retiré.

Quand il est seul, il va pour sortir lui aussi lorsqu'il entend un bruit. Il s'arrête sur le seuil et regarde.

L'ouvrier africain vient de rentrer dans la salle par une autre porte. Il tient un balai à la main. Les épaules courbées, le regard vers le sol, il s'approche du centre de la pièce et commence à balayer les débris du serpent à plumes.

On entend le bruit du balai. Une cloche se met à sonner, quelque part dans le monastère.

Personne n'a suivi la controverse avec plus d'attention que le jeune moine. Tout ce qui s'est dit l'a étonné, l'a effrayé, l'a souvent troublé. Et pour finir il reste là, sur le pas de la grande porte, le claquoir à la main. Il regarde l'Africain silencieux, qui balaie lentement les débris de l'idole.

Impression réalisée sur Presse Offset par

BRODARD & TAUPIN

GROUPE CPI

21787 – La Flèche (Sarthe), le 23-02-2004
Dépôt légal : mars 2003

POCKET – 12, avenue d'Italie - 75627 Paris cedex 13
Tél. : 01.44.16.05.00

Imprimé en France